上海出版资金项目
Shanghai Publishing Funds

世界经济新格局·中国经济新常态论丛

姚勤华　权　衡　主编

全球科技发展趋势与上海建设科创中心

THE DEVELOPMENT TREND OF GLOBAL SCI-TECH INNOVATION AND THE CONSTRUCTION OF SHANGHAI SCI-TECH INNOVATION CENTER

黄烨菁　等著

上海社会科学院出版社
SHANGHAI ACADEMY OF SOCIAL SCIENCES PRESS

本书作者

该书稿是上海社会科学院世界经济研究所重点课题“全球科技发展趋势与上海建设科创中心”的研究成果,参与课题资料收集与整理工作的上海社会科学院世界经济研究所硕士研究生与该课题项目研究助理有以下几位:吴帆、王茹婷、吴信坤与邵嘉晖同学。

本书作者如下:

提纲设计与统稿:黄烨菁研究员

第一章:黄烨菁　周大鹏

第二章:黄烨菁　苏　宁　李珮璘

第三章:金　芳　黄烨菁

第四章:黄烨菁

第五章:黄烨菁　苏　宁

目　　录

第一章　全球科技创新的发展态势与促进战略

创新日益成为推动和引领各国经济增长与繁荣的关键因素，基于新知识、新生产工具与新商业模式的知识经济成为各国提高竞争力的推动力，也深刻影响着推动世界经济增长的空间格局与可持续发展。基于历史演进的视野，我们通过考察产业革命的发展阶段，刻画出全球整体性技术进步、重大技术突破的本质是生产过程中关键生产要素投入的变革，关键生产要素决定了每一轮工业革命的演进，也是每一波经济长周期的决定性驱动力。本章通过对当前重大技术进步的梳理，描述产业创新的发展趋势以及由此形成的新业态。

一、宏观背景：当代全球科技创新的总体格局

纵观历史，人类社会科技创新的重大成果依托于各个时期"工业革命"的阶段性成果。"工业革命"的概念最早可追溯至1789年法国大革命时期①。对工业革命产生原因及影响的理论探讨一直持续到今天。最近引起国内各界广泛关注的是美国未来学家杰里米·里夫金提出的"第三次工业革命"。

(一) 工业革命的历史演进

由于学界对于工业革命的界定视角多元，国内学者提出工业革命(或称产业革命)②是指"人类的生产方式和产业结构的巨大变化"(何传启，2011)。里

① Anna Bezanson, "The Early Use of the Term Industrial Revolution", *The Quarterly Journal of Economics*, Vol.36, No.2, Feb., 1922.

② 由于诸多文献的称谓有所不同，本书把"工业革命"和"产业革命"视为同一现象的不同表达。

夫金提出的第三次工业革命的划分依据基本上遵循该内涵。根据这一划分，我们可以粗略地将工业革命历程划分为三个阶段。

现有文献对于工业革命的演进有两派观点：一派提出以一系列广泛的科学技术革命引发的生产方式变革来划分工业革命；另一派则集中于信息技术和能源技术领域，把这个领域的重大技术变革作为划分标准。前者以阿诺斯的《全球通史》为代表，后者则以杰里米·里夫金的《第三次工业革命》为代表。斯塔夫里阿诺斯教授在《全球通史》一书中提出人类社会的工业革命共有两次。第一次工业革命大致发生在18世纪80年代，第二次工业革命开始于第二次世界大战前后。英国《经济学人》杂志则简单地将"第三次工业革命"界定为"数字化革命"，关注点是数字化制造和新能源、新材料的应用。它将改变制造商品的方式，并改变世界的经济格局，进而改变人类的生活方式。

第一次工业革命的一个显著的经济标志是生产力发生了"一个进入自驱动的发展的起飞"。机械化工厂体系生产组织模式的确立，使人们能够以极低成本进行大批量商品生产，"以致它不再是依赖原有的需要，而是创造出其自己的需要"①。第一次工业革命又可划分为两个阶段：

第一阶段：1770—1870年。在这一阶段，人类实现了高效开采和利用煤炭；以低廉成本生产铁，高效生产棉纱；用电报进行通讯；借助轮船和铁路进行运输。这些在能源领域、生产领域、通讯领域和交通运输领域取得的进展成为这一时期工业革命的代表性成果。

第二阶段：1870—1914年。这一阶段的新型产业具有两大特征。

首先，在这一阶段，科学开始主导工业化进程，大规模生产技术得到改善和应用。1870年以后，训练有素的科学家在工业实验室中按照既定的计划和明确的目标展开研发，科学对工业的影响日益广泛和深远。在科学理论的指导下，人类发明了炼钢法、内燃机、无线电报、烈性炸药。石油工业得以迅速发展。科学理论从此成为工业发生革命性演进的主导力量。

其次，大规模生产技术的迅猛发展，构成两大主流生产方式：一是用标准的、可互换的零件组装成品，以美国制造商伊莱·惠特尼的滑膛枪制造为代

---

① 引自：斯塔夫里阿诺斯著，董书慧等译：《全球通史》，北京大学出版社2005年版，第485页。

表；二是生产方式则是流水生产线方式，以亨利·福特的汽车生产为代表。

第二次工业革命开始于第二次世界大战前后。第二次世界大战中的军事技术的进步，带动了后来的工业发展，包括核能、机器人、航空、基因工程、信息革命等。

杰里米·里夫金（2012）对新技术的界定与分类方法不同于以斯塔夫里阿诺斯为代表的学者。他认为，"每当出现新通讯技术，新能源技术，以及两者的融合形态，工业革命就将发生"。因此，根据他的观点，工业革命可以划分为三次。

第一次工业革命发生于19世纪，蒸汽动力与印刷术相结合产生了蒸汽印刷机，并代替了手工印刷。此时，城市核心区和工厂大量出现。

第二次工业革命发生于20世纪第一个10年，电视、电话、广播技术的出现以及石油、电力等新能源得到使用。城郊房地产业及工业区繁荣发展。

第三次工业革命兴起于20世纪90年代中期，其中的主流技术是互联网和可再生能源，两者的结合催生新一轮产业革命。不同于之前两次是集中式生产方式，后一次则具有分散式的特点：杰里米·里夫金（2012）认为第三次工业革命包括五大支柱：第一，向可再生能源转型；第二，将每座建筑转化为微型发电厂，收集可再生能源；第三，采用氢和其他存储技术，以存储可再生能源；第四，利用互联网技术共享每座建筑物生产的能源；第五，使用电动汽车，并借助上述联网技术获取所需电力。

（二）工业革命下关键生产要素的更替

新熊彼特流派学者对熊彼特的"创造性破坏"理论做了进一步深化，总结了关键要素的概念及其特征①。可以用新熊彼特学派的技术——经济范式（paradigm）②理论来说明科技革命、工业革命和经济长周期之间的关系：科技

---

① Chris Freeman, "Schumpeter's 'Business Cycles' Revisited", *Universita degli Studi della Tuscia, Viterbo*, 1997; A.Heertje & M.Perlman(Eds), "Evolving Technology and Market Structure", *Ann Arbor: Michigan University Press*, 1990.

② 根据克里斯·弗里曼（Chris Freeman）等新熊彼特流派学者的看法，熊彼特所说的历次工业革命的演进过程实质上是一系列技术创新和相应的经济现象组成的技术—经济范式（techno-economic paradigm）的更替过程，而新诞生的技术—经济范式与旧社会—制度框架间的矛盾运动就造成了经济长周期的波动。

革命引发的技术进步是导致工业革命的根本原因，而技术和经济领域的变革使得实体经济与原有的社会—制度框架变得日益不匹配，进而引发一系列调整，这就导致了经济的下行。随着调整过程的结束，实体经济的活力被释放出来，经济便相应进入了上行周期。在这个过程中间，关键投入要素的密集使用是区分不同时期的技术——经济范式的重要标志。

1. 关键生产要素的特征

新熊彼特流派学者认为，关键生产要素(Key factors)是体现着技术—经济范式的组织原则或者说是存在合理性的一种或一系列特定的投入品(input or a set of inputs)。技术—经济范式的更替必然与某些特定的投入品密切相关，这些投入品，即“关键要素”必须具备如下特征：(1)相对成本低廉且迅速下降；(2)可以在较长时期内大量供应；(3)在许多产品和工艺中都有很大应用潜力；(4)能够直接(或通过创新)降低资本设备、劳动投入和其他投入的成本，并提高其质量。

2. 经济长周期中的关键生产要素

根据熊彼特对长周期的论述，每一次工业革命都是一次科技创新的高潮，而每一次长波都包含一次工业革命。因此从长周期的视角看，世界经济迄今为止已经历了四次长波，发生了四次工业革命。目前正处于第五次长波的中期阶段，或正经历第五次工业革命，可能将迎来第六次工业革命。世界经济历次长周期及相应的关键要素投入如表1-1所示。

表1-1　关键要素在工业革命与长周期中的作用

长　波		阶　段	工业特征	关键要素
第一波	1780—1840年	繁荣，1782—1802年	纺织业机械化时代	棉花
		衰退，1815—1825年		
		萧条，1825—1836年		
		复苏，1836—1845年		
第二波	1840—1890年	繁荣，1845—1866年	蒸汽与铁路时代	煤炭、铁
		衰退，1866—1873年		
		萧条，1873—1883年		
		复苏，1883—1892年		

续表

长　波		阶　段	工业特征	关键要素
第三波	1890—1940 年	繁荣，1892—1913 年	电气化与铁路时代	钢
		衰退，1920—1929 年		
		萧条，1929—1937 年		
		复苏，1937—1948 年		
第四波	1940—1990 年	繁荣，1948—1966 年	大规模生产时代	石油、塑料
		衰退，1966—1973 年		
		萧条，1973—1982 年		
		复苏，1982—1991 年		
第五波	1990 年—	繁荣，1991—2007 年	电子和网络时代	芯片
		衰退，2007 年—？年		
		萧条		
		复苏		
第六波			绿色技术——经济范式诞生	

资料来源：作者根据 Chris Freeman(1990)①，陈漓高、齐俊妍(2007)②等绘制。

第一波，1780—1840 年，关键投入要素为棉花，经济的支柱产业是纺织业。第二波，1840—1890 年，关键投入要素为铁和煤炭，支柱产业为铁和煤的开采业，铁路运输业，蒸汽机的制造业等。第三波，1890—1940 年，关键要素为钢，支柱产业为炼钢业和电力工业。第四波，1940—1990 年，关键要素为石油和塑料，支柱产业为石油产业，汽车工业。第五波，1990 年至今，关键要素为芯片，支柱产业为电子信息产业。

第五波，电子通讯产业得到了极大的发展。OECD(经合组织)成员国计算机装机量从 1965 年的 3 万台增加到 1985 年的 100 万台，而 1 美元成本所获得的运算次数则从 20 世纪 60 年代的 1 000 万次增加到 80 年代的 100 亿次。

① Chris Freeman. Schumpeter's "Business Cycles" Revisited[J]. A.Heertje & M.Perlman(Eds), Evolving Technology and Market Structure, Ann Arbor: Michigan University Press, 1990.

② 陈漓高、齐俊妍:《信息技术的外溢与第五轮经济长波的发展趋势》,《世界经济研究》2007 年第 7 期。

光线电缆的发明使"海底电缆每语音信道的年成本从1970年的10万美元迅速下降至2000年的几十美元"[①]。

综上,可以发现一个显著的规律,就是在每个长周期的经济繁荣时期,"某种价格低廉的关键要素的密集使用"这一特征非常显著。根据这个规律,当前世界经济正处于第五波长周期的下行阶段。

(三)新一轮经济长周期

第五波长周期的关键投入要素是以芯片为代表的信息技术,主导本轮长周期的典型产业是IT与互联网技术融合的新兴信息技术产业。专家认为,未来信息技术发展具有高速度、大容量、宽带化、泛在化、智能化等五大趋势[②]。

根据美国著名咨询集团高德纳(Gartner)公司发布的信息技术《技术成熟周期报告》[③],技术成熟曲线分为五大阶段:技术萌芽期、期望膨胀期、泡沫化的谷底期、稳步爬升的光明期和实质生产的高峰期。高德纳公司2012—2013年信息技术成熟度报告介绍了48项技术的创新周期分布情况(参见表1-2)。值得我们注意的是,当前媒体热炒的大数据、3D打印正处于期望膨胀期,而云计算正处于泡沫破灭期。

Gartner报告指出,当前,大数据技术正日益受到市场的关注,但在2012年,该技术已进入了期望膨胀期,即将迎来一个漫长而痛苦的泡沫破灭期。经过泡沫的基础阶段后,大数据将进入成熟增长,据Gartner估计,该技术在目标客户中的认知度目前只有1%—5%,到2015年,掌握全面处理大数据技术的企业将比对此完全没有准备的竞争对手在财务表现上超出20%左右。

而近5年来被业界高度关注的3D打印技术被认为正接近预期膨胀的顶点。3D打印技术诞生于20世纪80年代末,当时主要用于工业设计中的原型制作。近年来,随着技术进步和成本下降,该技术得以被推广到商业、教育和消费领域。目前多色3D打印机价格在1.5万美元,单色3D打印机约1万美

① 刘辉峰:《长周期变动中的技术革命与产业演进》,《中国科技论坛》2009年第4期。

② 张彬:《信息技术革命正在孕育新的突破》,《经济参考报》2012年7月5日,第8版。

③ 参见:福布斯中文网:《哪些技术正热得过火》[OL]. http://www.forbeschina.com/review/atlas/004187_1.shtml, 2012-10-22。

表 1-2　　　信息技术周期

分期	技术萌芽期	期望膨胀期	泡沫化的谷底	稳步爬升的光明期	实质生产的高峰期
技术种类	人体能量增进、量子计算、3D生物打印、全息显示、自动内容识别、3D扫描、自动驾驶、移动机器人、物联网、自然语言问答、硅阳极电池、语音翻译、众包	大数据、游戏化、HTML5、混合云计算、无线充电、3D打印、自带设备办公、复合事件处理、社会分析、私有云计算、App市场、增强现实、内存数据库	活动流、NFC支付、语音挖掘、NFC、云计算、机器间通信、无线传感器网络、手势控制、内存分析、文本分析、家用健康监控、虚拟桌面、虚拟数据、虚拟世界、移动OTA支付	多媒体平板、IT消费化、生物特征识别、理念管理、消费级车联网、语音识别	预测分析

资料来源：Louis Columbus，“Hype Cycle for Cloud Computing Shows Enterprises Finding Value in Big Data”，*Virtualization*. Http://www.forbes.com/，2012-8-4。

元。企业可以以适度的投资换取设计和开发效率的大幅度提高。从发展趋势看，2012 年该技术正接近预期膨胀的顶点，其价格有望不断下跌。从市场成熟度看，该技术仍处于“青春期”，目标客户的接受度为 1%—5%，但市场正处于快速发展中。

之前作为 IT 技术创新“先锋”的云计算技术在市场前景上有不确定性。云计算技术是一种基于互联网的信息技术服务。2012 年，该技术已经从预期膨胀的顶峰向泡沫破灭的谷底滑落。目标市场认可度约 5%—20%，正处于接近主流市场的早期阶段。从发展前景看，云计算技术涉及多个组成模块，某些模块并不成熟。因此要采用该技术前必须经过充分的技术成熟度评估和风险评估。

此外，Gartner 公司指出，未来 10 年将迎来高度关注的技术。如人体机能增进、量子计算、全息显示、3D 生物打印、移动机器人、物联网等技术当前正处于萌芽期，主要以实验室研究为主，还少有商业力量介入，因此需要大量的资金支持和商业运营知识的支撑。如果政府能够给予恰当扶持，那么受益企业将可能比竞争对手获得领先优势。

20 世纪 90 年代以来，信息技术与互联网技术取得了迅猛的发展，为网络概念赋予了全新的内涵，极大地改变了人类的生产与生活方式。网络经济时代由此开启。人们对网络经济的概念目前尚无定论。根据国家信息中心乌家培研究员的研究，网络经济是互联网经济的简称，在这个意义上，网络经济与信息经济是特殊与一般，局部与整体的关系。

(四) 全球新兴技术的重大突破

我们对信息技术的认识需要从“信息”和“技术”两个角度加以探究，抽象意义上的“信息”是任何可数字化，也就是可被编码的事物。而“技术”则包括使信息的存储、搜索、获取、拷贝、过滤、控制、浏览、传输和接受成为可能的基础设施(夏皮罗·瓦里安，2000)。

根据 Gartner 公司的预测，未来 3—5 年全球范围内主要有十大科技突破与应用的领域①。

1. 互联网领域的技术创新——软件定义网络技术

软件定义网络(SDN)技术为最近几年涌现出来的具有战略性高度的新兴技术，其目标在于提升网络对业务的快速灵活响应和对业务创新的快速支持，SDN 技术属于 IT 领域的“软件定义”范畴内的新技术。该技术的突破与应用将深刻影响电信运营商的网络演进以及运营模式的变革，同时也将影响 IT 设备制造商乃至整个产业链上各个环节参与者的生存状态。

这一新的技术架构将网络的核心功能与控制管理功能从单个设备实体中全部或部分抽象出来，由开放的、可编程的平台和定制软件来实现。从软件定义网络开始，“软件定义”的概念逐渐拓展至计算、存储与数据中心。在数据存储模式，由此衍生的一个相关新技术被界定为软件定义存储(SDS)。基于这个技术，所有存储相关的控制工作都被放置在相对于物理存储硬件的外部软件中。在此基础上构成的数据处理系统被称为软件定义数据中心(SDDC)，该项技术通过软件将数据中心的计算、存储、网络等所有基本构建模块虚拟化，将各种不用的物理平台转变成 IT 可以统一管理的单一实体。这个领域的技术创新呈现出“软件定义 IT”之势，“软件定义终端”、“软件定

① 资料来源：2013 年 11 月，ITxpo2013 年度大会。

义路由器”等新理念和技术雏形等已经开始涌现，“软件定义”将全面渗透整个 IT 环境。

目前，惠普、戴尔、联想等硬件巨头加快向 IT 服务领域拓展，谷歌、微软、亚马逊等软件和互联网巨头纷纷进入移动设备硬件领域。SDN 技术已经成为 IT 和互联网产业内各主要企业高度重视的新技术。根据市场研究机构 Infonetics Research 公司的研究，SDN 技术相关应用的市场正处于增长期，绝大部分企业处于“尝试阶段”，许多云服务提供商和大企业，如谷歌、NTT、AT&T、Verizon、德国电信、英国电信和中国移动等，对启动该技术领域创新开发表现出浓厚的兴趣。2011 年 3 月，德国电信、Facebook、谷歌、微软、Verizon 和雅虎联合发起成立开放网络基金会（Open Networking Foundation，ONF），致力于通过对可编程的 SDN 网络进行开发和标准化，实现对网络的改造和构建。ONF 作为 SDN 标准的领导者，拥有世界领先的技术路线。目前市场上宣布支持 SDN 的产品和应用大部分遵从 ONF 的相关协议标准。此外，在 SDN 产业领域的全球制造商也纷纷研制成功应用软件定义网络的新产品。Infonetics 指出，包括阿尔卡特-朗讯、Big Switch Network、博科、思科、Cumulus、戴尔、EXtreme、惠普、IBM 和威睿在内的供应商均已在 2013 年推出了基于该项技术的 IT 产品，如：思科推出开放式网络环境 Cisco ONE，可提供灵活应用程序驱动的网络基础设施定制；惠普于 2013 年 8 月推出全新的基于 SDS 理念的 StoreVirtualVSA 软件功能；EMS 于同年 9 月推出 SDS 平台 ViPR 等。国内 IT 企业华为也于 2013 年 2 月向电信运营商发布了“SoftCOM”SDN 战略。

从中长期技术创新趋势看，“软件定义”技术将给 IT 技术与应用的产业化发展带来深刻影响，并推进和深化软硬件的结合和跨界融合，使产品和产业边界逐渐模糊。SDN 技术突破的方向在于加速提升网络对业务的快速灵活响应和对业务创新的快速支持，这项创新将深刻影响电信运营商的网络演进变革，也将改变设备制造整个产业链各环节参与者的运营模式。但是，SDN 目前正处于发展初期，还存在一些应用上的不便利问题，比如在网络监控和可视性方面，尚存在不少困难以及安全漏洞。“软件定义一切”的发展，还需要多方面的技术支持。

2. 物联网技术发展新阶段——多领域的推广应用

物联网(Internet of Things, IOT),是继PC、互联网、无线通信技术之后第四次信息技术革命的代表性成果,具有重大的技术创新价值与应用价值。国际电信联盟(International Telecommunication Union, ITU)对物联网的定义为:实现物到物(T2T)、人到物(H2T)和人到人(H2H)的互联。国际电信联盟2005发布的物联网报告①中指出:通过一些关键技术,用互联网将世界上的物体都连接在一起,使世界万物都可以上网。这些关键技术包括通信技术、RFID(射频识别)传感器、机器人技术、嵌入式技术和纳米技术等。

中国学者提出目前物联网技术进入"物联网3.0时代",物联网技术已经从基于RFID技术进行信息交换和通信过渡的初级阶段发展到目前的智能化识别、定位、跟踪、监控和管理的综合技术阶段,已经成为一种网络概念(表1-3)。

表1-3　物联网三阶段发展及特征

发展阶段	主要特征
1.0阶段	对物理世界进行感知,主要构建一个互联互通的物联网系统,将传感器互联,将信息传给数据中心,做简单的数据处理
2.0阶段	构建一个共享的物联网平台,尤其是对来自物理世界大量的物联网数据进行处理,扩充和发展很多不同的信息处理技术
3.0阶段	物联网技术与云计算技术的深入融合,将物联网解决方案向云端发展
	把物理模型引入到数据分析中,对数据分析的智能化发展产生重要影响

资料来源:沈晓卫:《IBM研究院全球技术展望之物联网3.0》,《物联网技术》,2015年第7期。

物联网技术创新的总体方向是物联网与其他产业领域技术的融合,将IT与物理世界相融合,并改变其他的行业的运作模式,实现相关产业的数据处理与挖掘的智能化,因此物联网技术创新必然是跨领域的创新。我国工信部于2011年年底发布了《物联网"十二五"发展规划》,要求到2015年初步完成物联网产业体系构建,形成较完善的产业链,物联网技术平台上的跨领域应用领域是动态发展的(表1-4)。

① ITU Internet Reports 2005: The Internet of Things.《ITV互联网报告:物联网》。

表 1-4　　物联网在几个领域中的应用

应用领域	应用模式	应用情况
智能电网	跟踪对象	物联网可以对发电、配送和消耗环节进行测量，自动优化相互关联的各个要素，实现整个电网更好的供配电决策
智能交通车联网	跟踪对象、检测环境	物联网智能化管理城市的交通系统，通过采集汇总地理感应线圈、数字视频、车载 GPS 等交通信息，实时获取路况信息并对车辆进行定位
智能物流	识别智能标签（RFID、二维码）	通过 RFID 技术，自动跟踪货物的入库出库，识别货物的状态、位置、性能等参数，实现物流管理的自动化和信息化
智能家居	智能控制设备	在家庭中通过物联网对各类消费类电子产品、通信产品、信息家电及智能家居进行通信和数据交换，实现家庭网络中各类电子产品的“互联互通”
环境安全检测	检测环境	建立完善的公共安全监测物联网为公共安全风险提供有效的预防机制
工业自动化、精细农牧业	跟踪对象、检测环境	将物联网应用于生产过程检测、环境参数采集，进而对各个生产环节进行控制，实现智能化作业
金融与服务业	识别智能标签（RFID、二维码）	如手机支付等远程及移动支付的强大功能，餐饮旅游服务中物联网打造的智慧服务模式，提供给用户全面的信息来源和直接的终端操作体验
医疗健康	跟踪对象、检测环境	通过物联网建立以病人为中心的智慧型医疗保健系统，在医疗诊断、就医途径、服务质量、信息反馈等方面改善医疗服务水平和环境
军事国防	跟踪对象、检测环境	将各种军事要素联系组成整体，实现作战部队互联互通，通过对作战信息的实时掌握，形成高效作战平台，打赢信息化战争

主要资料来源：蒋科、余建峰：《物联网在十大重点领域中的应用前景》，《物联网技术》，2012 年第 10 期。

近年来，全球物联网研发进入加速发展阶段，技术研发的突破高度集中于美、欧、日、韩、中国等国家，重点发展的核心技术有 RFID 技术、传感技术、M2M 技术等。各国都将物联网建设上升到国家发展的战略层面，并推动物联网的应用和产业发展（表 1-5）。

表 1-5　　各国物联网战略部署及技术应用

国家	创新战略	研发态势	国际竞争地位
美国	“智慧地球”	推动物联网在城市安全与管理、公共管理与政务、智能交通与消防、工业生产与监测、个人健康与护理、食品追溯与监测等多领域的应用;美国的 RFID 从军事应用领域逐步拓展到民用领域,包括交通、车辆管理、身份识别和仓储管理等方面	技术研发在全球领先
欧洲	“欧洲数字计划”	提出相对完整的物联网发展管理和标准化推广计划,从政策、规划和实施步骤全方位落实物联网技术发展;主张推动国际联合行动,强调以人为核心,发展“人联网”	长期战略和规划完善
日本	“i-Japan”	实现信息化建设“三级跳”,重点发展城市交通、卫生医疗、智能家居、环境监测、灾险防御等事业;政府重视长期规划和政策支持,推动企业自主研发和应用推广	重视技术应用战略
韩国	“u-Korea”	在信息家电和汽车电子等领域领先,欲营造物联网扩散环境;大力发展智能家居和智能汽车;以服务带动产业,打造物联网服务强国	选择重点领域推广应用
中国	“感知中国”	同时在产业发展、技术研发、标准制定和行业应用方面取得进展;强有力的政府项目支持,并制定长期战略规划	在产业应用方面与城镇化战略相结合

资料来源:姚旭东:《国内外物联网技术发展的比较研究》,《西南交通大学学报》2012年;徐建新:《世界物联网发展分析》,《科技信息》,2011 年第 27 期。

物联网技术发展的 3.0 阶段具有如下两方面的突出特征:其一,物联网技术解决方案与云端移动技术趋于融合,物联网技术框架下的解决方案从本地部署上升到依托云计算的“云端”来提供。其二,物联网平台的大数据分析进入深化阶段,以物联网为平台的大数据深度挖掘和处理信息,深入分析,产生可执行的洞察力,不但理解物理世界,更要根据理解来改变、优化世界。这样,物联网数据处理要对现有技术进行拓展,需要新的 IT 技术创新,以构建一个更安全高效的云平台。

未来技术创新包括三个重点方向:一是传统 IT 数据处理技术处理的是结构化数据,新的 IT 急切需要对物联网中大量非结构化数据进行处理;二是在物联网中引入物理模型模拟物理世界；三是把认知计算等关键数据处理技术带入物联网数据分析，使3.0系统具有自我学习的能力。

3. IT领域的技术创新——云计算技术的推进

云计算(Cloud Computing)是由分布式计算、网格计算、并行计算等多种传统计算机技术和网络技术发展的产物。云计算系统是以互联网为载体，把多个成本相对偏低的计算实体组合形成的强大的计算系统，并借助基础架构级服务(IaaS)、平台服务即架构(PaaS)、软件即服务(SaaS)等先进的商业把这种非常强大的计算能力分布到多个用户终端手中。云计算的一个中心思想就是通过不断提高"云"处理能力，来减少用户终端的处理负担，使用户终端形成一个简单的输入输出设备，并能按需分享"云"的强大计算处理能力。

云计算的组织模式可以分为公共云、私有云和混合云。公共云可通过网络由第三方的服务商提供，通过访问控制机制由用户免费或付费试用，它是云计算商业化的实现目标。私有云为特定组织内的用户提供服务，数据与程序都在组织内部管理，可以大大提高系统安全性，但所能使用的用户也受到一定限制。混合云，用户可以将关键数据或信息放置在私有云，将非关键的服务外包给公共云服务提供商，放置在公共云上处理。

云计算涉及的关键技术众多，其中典型的有虚拟化技术、编程模型以及数据存储和管理技术(表1-6)。

表1-6　云计算关键技术及代表

种　类	代表公司	代表技术
虚拟化	IBM	"蓝云"计算平台硬件级别虚拟化、开源软件虚拟化
编程模型	Yahoo、Facebook、IBM、Microsoft	MapReduce-Hadoop、Dryad
数据存储和管理	Google、Amazon、Intel、Yahoo	GFS(Google Files System)、Dynamo、HDFS、BigTable、HDFS(Hadoop Distribution File System)

资料来源：据林晓鹏：《云计算及其关键技术问题》，《现代电子技术》(2013年第36卷第12期)引用并整理。

云计算作为几年来IT业的新技术突破的热点，业内主要的公司都积极开展项目研究，力争取得技术领先，包括Google、Microsoft、IBM和Amazon在内的多个知名跨国公司都有专门针对云计算技术与应用的研发项目(表1-7)。

表1-7　主要跨国IT企业的云技术研究项目与内容

IT公司	研发内容	基本介绍
Google	GAE(Google APP Engine)平台	允许用户编写程序，由4个系统组成：Google File System分布式文件系统、MapReduce编程模式、分布式的锁机制Chubby和大规模分布式数据库BigTable
Microsoft	Microsoft Azure	提供完整的开发、运行和监控的云计算环境，为软件开发人员提供服务接口，包括NET Services、Live Services、SQL Services、Microsoft Share Point Services以及Microsoft Dynamics CRM Services
IBM	"蓝云"计算平台	支持开放标准与开放源代码软件，组成部分包括一个数据中心、应用服务器、Tivoli部署管理软件、数据库、Tivoli监控软件、开源信息处理和虚拟化软件
Amazon	Amazon EC2远程云计算服务平台	使用户在客户端通过SOAP over HTTPS协议与Amazon EC2内部实例进行交互，为用户提供一个运行基于Linux的应用程序的虚拟集群环境

资料来源：根据李建卓：《云计算及其发展综述》，《宝鸡文理学报》(自然科学版)，2010年第30卷第3期引用并整理。

中国IT业界也有很多大型技术企业抓住了云技术突破的机遇，在云技术开发与商业模式上取得创新(表1-8)。

表1-8　国内企业的云技术研究

企业	技术或商业模式	介　绍
华为	FusionSphere企业级开放的云操作系统	帮助客户部署服务器虚拟化、私有云、公共云、混合云、桌面云、NFVI等应用场景，实现企业关键业务云化，推动生产方式持续创新
京东	全产业链云服务	包含互联网基础技术(云计算与大数据)，互联网经验输出(战略咨询、商业模式、管理咨询)、电商业务资源合作、业务信息系统建设升级等

续表

企业	技术或商业模式	介　　绍
阿里	安全态势感知 云盾安全网络 QuickShield	以海量数据、超强计算为依托，让风险可视化；为企业级客户提供安全的动态 CDN，净化近源流量，分散攻击风险
	E-MapReduce	基于云服务器的 Hdoop/Spark/HBase 服务弹性使用，使大数据处理更从容
	机器学习平台 DT PAL	中国首个可视化机器学习平台，应用于数据处理、特征工程、算法模型与评估
	云服务器 ECS 2.0 时代 高性能计算 HPC	IO 优化型，全面支持 Xen、KVM 磁盘性能飞升；中国第一个基于 GPU 的 HPC 云服务

资料来源：根据 CSDN 网站《华为任志鹏：华为云计算产品线的核心是三大平台》、《15 款新品发布，看阿里混合云策略及深厚技术积累》、《新战略：京东云不止是云计算，要做全产业链云服务》等编整理。

云计算不仅大大降低计算成本，也推动了互联网技术的发展。著名咨询公司 Gartner 认为，未来云计算创新的方向是将个人云服务和外部私人云服务结合在一起，企业要用未来的思想去设计私人云服务产品，并要确保产品在未来可以进行整合或可以互操作。混合云服务很有可能会变得更加静态，并由各种组件构建而成。根据它的预测，将出现更多部署云服务的组件，一个云服务中介时代将会到来。随着移动设备电量和容量的提升，对网络需求、成本、带宽等的管理要求将不断提高，从而对简化云应用的计算过程提出更高要求，并需要相应开发更加智能、存储量更大的客户端设备，这将成为云计算创新的发展方向。

4. 互联网终端技术前沿——APP 技术的爆发性发展

互联网终端的 APP 技术正在改变移动终端用户的生活方式、交流方式、购物方式和娱乐方式，囊括衣食住行各种生活需求的 APP 不断推陈出新。

从技术角度上说，目前移动应用程序主要有三种：原生 APP、移动 Web APP 与 Hybird APP，三类 APP 技术的特点如下表所示（表 1-9）。

目前原生 APP 与基于 HTML5 的 Web APP 是现阶段广泛应用的两类 APP，两类技术在性能和应用对象上利弊互见（表 1-10）。

表 1-9　　三种移动 APP 技术的技术特点与应用方式

类　型	系统/技术	应用方式
原生 APP	IOS、Android 原生语言开发	数据的运算和储存均在移动终端操作系统上,用户一般通过网络商店或者卖场获得
移动 Web APP	HTML、JavaScript、CSS 等 Web 技术开发	运行在移动设备浏览器上的应用,不需要再设备上先下载后安装
Hybrid APP	UI WebView,介于上述两者之间	以原生 APP 的形式出现,内核访问的是 Web APP

资料来源:根据刘扬:《移动 Web APP:未来发展更需要抓住的新趋势》,(《中国传媒科技》2015 年第 7 期)整理。

表 1-10　　原生 APP 和 Web APP 的特点比较

功能/性能	原生 APP	Web APP
使用移动设备的资源和功能(如 GPS、照相机等)	可充分使用	无法使用
离线运行访问本地资源	可以	不可以
与系统的契合程度	程度较高,运行快,性能佳	程度相对低
跨平台开发	不具备该条件,必须对每种操作系统都独立开发	具备该条件,HTML 语言支持多个主流平台
版本控制	用户手动下载更新	任何时候访问都为最新版本
上线发布时间控制	不可控,需应用商店审核	随时发布
访问入口数量	单一入口,仅限于应用市场	多个入口,如搜索引擎、浏览器、微信朋友圈

资料来源:根据刘扬:《移动 Web APP:未来发展更需要抓住的新趋势》,(《中国传媒科技》,2015 年第 7 期)整理。

近年来,原生 APP 以其良好的用户体验、优越的性能和成熟的盈利方式占据着主导地位,而 Web APP 因 HTML5 相关技术限制、商业因素等一直未能有充分发展。2007 年 W3C(万维网联盟)立项 HTML5,经过 8 年的研究与讨论,直到 2014 年 10 月,HTML5 的技术标准与应用规范才得以正式在业界确立。HTML5 是 Web 标准的巨大飞跃,与以前版本相比,该技术不仅仅能够表示 Web 内容,而且可发展为一个成熟的应用平台,其优点包括:具有语义的结构化标签，使得 HTML5 在文档结构上较之前版本更加清晰易读；对离线存储有更好的支持；进一步增强了多媒体能力，提高了 Web 应用中的视频音频、图形等方面性能；提升设备及应用 API，增强了 Web APP 访问和调用终端设备的能力；新增 WebWorkers 组件，使 Web 操作可以并行、多线程地执行。HTML5 标准下的 APP 技术进步很大程度上推进了 Web APP 的功能提升。基于该项技术，新一代的 APP 分化为桌面 Web APP 移动化与纯移动 Web APP(表 1-11)。

表 1-11　　桌面 Web APP 移动化和纯移动 Web APP 举例

类　型	举　例
桌面 Web APP 移动化	百度、谷歌的地图应用移动版，用 HTML5 地理定位 API
	Gmail 移动 Web 版可以使用户离线阅读邮件
	优酷、爱奇艺等视频网站使用 HTML5 的〈audio〉〈video〉标签实现移动版音频视频播放，放弃 Flash 插件
纯移动 Web APP	天气应用 Sun、阅读应用美阅，HTML5 使其性能和体验与原生 APP 相似

资料来源：根据于洋：《浅析 HTML5 的特点及其在移动 Web APP 中的应用》(《移动互联应用研发》，2014 年第 24 期)整理。

2014 年 W3C 完成 HTML5 推荐规格后引发的业界争议是：在移动 APP 开发行业，Web APP 是否最终会取代原生 APP。总体上说，原生 APP 在用户体验、离线能力和响应速度上优于 Web APP，但是后者的通用性更高，技术开发的门槛较低，同时开发周期短、成本低、维护方便。随着 HTML5 的技术发展、移动设备硬件的升级、无线网络的提速、操作系统厂商策略的变化、相关软件技术的成熟，Web APP 与原生 APP 的差距会缩小，未来 APP 的发展如何，更重要的是取决于用户的体验。

目前 APP 应用在创新的同时也进入技术应用整合的趋势，一批功能性的 APP 趋向整合，诸多功能性 APP 被超级 APP 整合(如微信接入滴滴打车)，超级 APP 的入口平台化趋势日渐明朗(如 360 安全应用＋手机助手，阿里巴巴＋UC 浏览器＋新浪微博)。而 APP 开发市场呈现的一个新发展方向是基于 Web 技术的新常态 APP 出现，对原生 APP 产生冲击。

二、当代互联网技术革命下的“网络经济”

产业创新是指产业创新主体(政府、企业等)的制度创新、技术创新、组织创新、环境创新和组合创新。当代产业创新的发展态势体现为互联网技术获得突破而形成新兴产业,并改造传统产业的生产工具与运行模式,提高产业竞争力,或使其获得突破性的发展,从而促使产业发展实现质的飞跃,形成“网络经济”。

(一) 产业创新的多元化形态

产业创新与技术创新有关,但是有自身的特点。根据阶段,产业创新的内涵是产业链上的某一环节的创新所引发的整个产业创新,或者根据需求而形成的新兴产业。如果从纯技术的角度来看,产业创新包括:(1)原料、材料和燃料技术创新;(2)产业核心技术和关键技术创新;(3)产品构架创新和零部件技术创新;(4)产业技术创新中标准锁定和主导设计;(5)产业共性技术创新;(6)产业主导型工艺创新等。

以领域来划分,产业创新包括技术和技能创新、产品创新、流程创新、管理创新和市场创新。产业创新是对旧产业结构的创造性破坏。创新理论的奠基人熊彼特把创新比作生物遗传上的突变。按照熊彼特的理论,我们可以把产业创新看作产业结构不断演化而突变的过程。

产业创新通常的衡量指标是产业转型的能力。经济发展必然伴随着产业结构转换,产业转换的速度反映了经济发展的速度。产业经济理论和发展理论研究大多遵循着这一思维逻辑构筑理论框架。经济发展的核心问题就是结构转换问题。所谓结构转换可以被定义为:随人均收入增长而发生的需求、贸易、生产和要素使用结构的全面变化。结构转换的核心就是产业转型。众所周知,经济发展过程中,产业结构普遍呈现出从劳动密集型为主→资本密集型为主→技术、知识密集型为主的演化轨迹。工业化的过程是产业不断创新的过程,工业化的进程表现为主导产业不断更替的过程,而现在许多发达国家已进入后工业化时代。产业创新是企业攫取超额利润的逆过程。产业技术要求先进的技术基础充分扩散和充分社会化,只要先进的技术基础普及化为“社会生产的普遍基础”,就会消除一些企业曾经可以拥有的超额利润。当然,企业技术创新和产业创新是互为基础、互为条件的。企业技术进步是产业技术进步的突破口,是产业技术进步的环节,企业技术的社会化和普遍化便转化为产业技术。但是企业技术创新要以产业技术进步为基础,离开了社会公共知识库,离开了产业基础设施,离开了国民教育“生产”出来的大批高素质人才,便不可能有企业的技术进步。

由于产业创新不同于企业技术创新的社会性、基础性和深刻性,市场在产业创新中的作用,存在一定程度市场缺陷或市场失灵。产业技术进步的社会性质使以微观主体为作用对象的市场机制无能为力。产业创新的社会性质来源于推动产业技术进步的劳动的社会性质,来源于价值增值体系和企业网络的社会性质。这种社会性质是一个先进的技术基础充分扩散和充分社会化的过程,是一个知识传播、技术扩散、人才流动、智力交换、经验共享等社会活动结合起来协同发展的过程。市场机制有效于以利润最大化为目标而启动的企业技术创新,对产业创新表现出一定程度的能力缺失。

虽然企业技术创新是产业技术创新的组成部分,是产业技术进步的突破点,但完全依靠市场机制却不能促使企业去承担利于推动产业技术进步的诸如知识传播、技术扩散、国民教育等社会性工作。

Gereffi(1999)较早提出产业创新层次问题。他的研究提出产业创新的四个层次:一是产品层次上的创新,即同类型产品从简单到复杂的过程;二是经济活动层次上的创新,包括不断提升的设计、生产和营销能力;三是产业部门内部的创新,如从标准化的制造活动转向包含更高价值的专业性生产与服务活动,也包括产业供应链的前向和后向联系;四是在产业部门间层次上的创新,即从低价值劳动密集型产业转向资本与技术密集型的产业。在这个研究的基础上,学者 Humphrey、Schmitz(2000)的研究从另一个角度提出创新的分类,即以企业为对象由低级到高级的四个创新层次:一是流程创新,通过重组生产系统或是引入高级技术将投入转化为产出。二是产品创新,根据单位增加值转向更高端生产线。三是功能创新,即获得价值链上新的、更好的功能,如设计和营销,或放弃现有的低附加值功能而集中致力于发展附加值更高的环节。最典型的功能创新体现为从基础性生产加工转变为“贴牌生产”,再到自主设计制造,最后是创立自有品牌,这个阶梯升级被视为功能创新的一种通常路径。四是部门间创新，即一个特定产业特定产品系列的价值链组织与经营模式被应用于其他产业领域或一个新产品(服务)跨国价值链，也称“链创新”。如20世纪70年代中国台湾把电视机制造技术过程中获得的生产、管理技术与组织模式应用于制造当时属于新产品的计算机显示器，由此推动其计算机产业的国际竞争力转向。这种四分法在目前产业创新研究领域中得到了较为广泛的认可。

综上所述，西方学者对于产业创新研究的视角更偏向于微观视角，实质上是直接把企业的生产能力以及竞争力的提高视为产业创新的本源。因此，从全球价值链的理论来看，产业创新体现为企业在一个全球价值链中顺着价值链阶梯逐步提升的过程。

(二)“网络经济”下的产业模式创新

网络经济的基础形态是“信息经济”，这一经济形态被视为引领当代全球经济增长的主流形态，信息经济是以信息、知识、智力为核心动力的一种新型经济增长形态，是当前全球市场与投资最活跃的领域。与之相关的概念还包括，数字经济、知识经济、比特经济和后工业经济等。

夏皮罗·瓦里安(2000)的研究表明，智能化信息网络将成为国民经济大部分产业领域内“生产工具”变革的方向，这一变革引发全新的增值模式，构成“新生产力”，网络经济因此被视为全球范围内一个新的经济增长阶段。改变了传统产业的运行机制，推进了商业模式创新与产业组织方式的创新。由于这里的网络是基于信息技术支撑的数字网络，所以也被称为“数字经济”。

从中观层面看，网络经济引发的新兴产业发展集中表现为与电子商务紧密相连的一揽子产业业态，包括网络贸易、网络银行、网络企业以及其他商务性网络活动，也包括网络基础设施、网络设备和产品以及各种网络服务的提供。网络经济常常与互联网经济相提并论。网络经济引发的新经济形态实际上覆盖从以互联网技术为基础的经济工具到技术基础、应用、服务与商务形态的各个层次的创新。

从微观层面看，网络经济形态下的企业与个人消费行为也区别于传统经济。网络经济构建了一个高度“虚拟”的市场，网络形态的消费在交易额增速上已经远远超过传统市场。与传统企业不同，网络经济形态的企业收益更多地来源于信息资产即无形资产的增值。

根据经济增长的历史演进规律理论，网络经济也被认为是有别于游牧经济、农业经济、工业经济与信息经济的最新经济增长形态。与信息经济、数字经济、知识经济等相关概念相比，网络经济概念更加强调以网络技术特别是互联网技术为代表的信息技术在当代经济活动中的主导性作用，借助网络平台，社会分工进一步细化，要素流动更加自由，效率进一步提升，从而可更好地满足市场需求。

（三）新兴产业的创新业态

业态原本是零售业的专业术语，来源于日本，本义主要是指零售企业的营业形态（李严锋，2004）。对于业态的内涵，笔者认为，狭义业态是指营业形态，即以人为中心，以服务为手段的销售方式；广义业态则除了营业形态之外，还包括经营形态、企业形态，乃至产业形态。

产业的业态主要包括两个方面：一是提供物（offering），二是专业技能（know-how）。提供物包括消费者可见的外部因素（花色品种、购物环境、服务态度、位置和价格、物流与配送和吸引消费者购物的娱乐设施）。专业技能是指其内部因素，决定商业企业的经营优势和战略方向。它分为两类：一类是商业技术即商业企业所采用的系统、方法、程序和技巧；另一类是商业文化即理念、惯例、规则、操作和经验，可以增强商业企业评估环境，明确趋势和机会，进而提升解决问题的能力。

商业业态可区别商业企业的竞争能力，是商业企业竞争规划的重要部分。其中在商业技术中得以体现的销售服务—产出、经营效率与零售文化，及其所蕴涵的知识和经验决定了商业企业在市场上的定位。

产业业态，是指产业的组织形式和经营方式，产业业态决定了产品或服务的结构、功能、规模、交付方式等。

企业通过对上下游产业、行业或产品的业务延伸，会将原先单纯的本行业内部的创造价值的过程拓展到不同行业之间，并融合而成为一系列相互关联的价值增值过程。在这种产业融合下诞生的经济形态就被称作“新型业态”，特别是基于产业融合基础上的新生企业就是新型业态的表现载体（沈开艳，2011）。

从组织模式的角度看，新型业态可以理解为一些经济活动超越传统的组织模式、经营模式、运作模式，并已经形成了经济规模，构成了比较稳定的形态（汤浩，2011）。根据这个界定，新型业态大致可分为全新的业态、与传统相结合的业态、传统业态升级业态、传统产业转型业态与企业经营方式转变业态。根据目前中国服务领域的发展现状，风险投资、新金融业务、软件开发、服务外包、物流、电子商务、工业设计与文化创意是新型业态的典型代表，相关行业呈现爆发式增长。

结合市场动态进一步考察“新业态”的发展模式，我们将梳理目前比较活跃的新业态的特征与经营模式。其中发展活跃并较为成熟的新业态包括如下几个类型：

1.“经济综合体”模式的新业态

企业的经营活动集成多种商业与资金运作模式，构成全新的盈利方式，这类“经济综合体”是典型的“四不像公司”。第一，这类企业不像贸易公司，不涉及销售指标，不管质量，也不管终端销售；第二，这类企业不像金融机构，因为它是通过供应链优化整合，资金流是与银行合作，由银行对供应链给予信贷支持；第三，这类企业不像物流公司，因为它无车无船，但有专业物流部门把大量物流业务外包给物流公司；第四，该类企业也不像软件公司，因为IT平台仅仅是它提高效率、规范管理的手段。

2.“一站式”后勤管家服务业态

相关公司集企业餐饮管理服务、物业管理、无尘室工作服清洗等企业“一站式”后勤管家服务于一体。其经营对传统企业的价值链组织方式提出挑战，企业价值链内研发、制造、质量检验、员工培训、仓储物流等环节的组织方式都在新盈利模式下有全新的形态。企业内部治理机构和部门设置趋于扁平化。

3. 旅游电子商务平台

它是包括旅行社、酒店、景区、交通、票务等在内的旅游企业间的交流交易平台，被誉为永不落幕的旅游交易会。

4. 新型投融资活动

目前，典当行、融资租赁、小额贷款公司、担保公司、电子银行等新型金融业态层出不穷。在金融服务业方面，创新风险投资、信用担保、快速贷款等新型投融资活动不断拓展，增强了金融服务集聚程度。

5. 云计算服务业态

当前，在世界范围内，云计算作为下一代计算模式已经进入实践应用阶段。在我国，政府高度重视云计算及其发展趋势，已将云计算视为下一代信息技术的重要内容，促进云计算的研发和示范应用。

6. 家庭服务业

大致有200多种服务项目，涉及家务劳动、家庭护理、维修服务、物业管理、社区导购等各个方面。

7. 现代物流业

它通过集聚与整合物流资源，实现物流企业和社会车辆这两大公路物流主体在平台内的“集约化经营、信息化管理”。

8. 现代商业流通业

超级市场、仓储商店、专卖店、便利店、购物中心、折扣店等新型的现代商业与专业物流、冷链物流、仓储配送、电子货币结算等深度交叉融合，给商业赋予了全新的理念和内涵。

9. 新型旅游业

相继催生了由传统的观光旅游到度假旅游，再到体验旅游、医疗旅游、体育旅游、宗教旅游、“候鸟式”旅游、老年旅游等。旅游业向工业和农业渗透，形成了工业旅游、乡村旅游和观光农业；旅游业向教育业渗透，形成校园旅游和修学旅游；旅游业向生态建设与环保业渗透，形成生态旅游等。

10. 楼宇经济

楼宇经济又称“垂直印钞机”，是以商务楼为主要载体，以开发、出租楼宇引进现代服务业和商贸业为重点，扩大税源，带动区域经济发展，以集约型、高密度为特点的一种经济业态。

这类新兴业态的企业有跨行业整合资源的能力，自主制定服务标准，充分运用IT技术，资源利用率和生产力水平有全面的提高。

（四）商业模式创新的迅猛发展

商业模式是企业价值创造的总体逻辑（Teece，2010）。作为商业逻辑框架，商业模式不是一个单一的变量，而是企业各种策略、资源等要素及其联系机制有机整合起来形成的价值创造总方案。商业模式本质上是一种战略决策过程，其作用机制应是一般战略决策过程机制的投影。商业模式涵盖产品问题和营运问题，会产生“过程结果”（营运效应、产品效应），进而通过“过程结果”决定“经济结果”（绩效）。

我国企业在全球竞争中普遍面临的问题是技术落后和经营方法的落后，相应地有了两条创新升级的路径：一是通过技术创新，获取产品差异化、成本最小化等竞争优势；二是通过经营方法创新，提高营运效率，从而提高企业绩效。

技术是竞争优势的重要来源之一，初始发明可以为企业提供一定时间的垄断地位，可是任何发明最终都要被商品化，从而导致企业丧失其竞争优势。网络技术极大地激发了个性化需求，彻底打破了市场信息的不对称，造成原有企业盈利模式和市场交易方式的不适应，而经营方法创新则能解决这一矛盾。

技术创新已为人们熟知，但后一种路径常被人们忽略（程愚，2012）。在国际竞争日益激烈的时代，产品同质化，低生产成本化是我国企业在一定时期不可避免的发展途径，产品创新难度巨大，然而理论研究（Danny Miller，1996）和实证检验（程愚，2012）均表明，企业可以不依靠产品创新，而通过营运创新来获取竞争优势。企业家通过对企业经营进行长期、全面的探索和创新，在综合企业运营的所有方面所拥有的显性知识、关键技能和隐性知识的基础上，经过长期实践、摸索、积累形成企业的核心运营能力，因为这种能力具有复杂性和模糊性特征，因而难以被竞争对手理解和模仿，从而成为企业竞争力的来源。

在竞争日益白热化，产品生命周期日益缩短的背景下，商业模式创新的内涵应具有多重性，在技术创新的同时，也应该重视营运能力的提高，通过营运能力的提高促进技术创新，使企业在产品和营运两方面都取得竞争优势，从而提高企业绩效。

三、中国“四新经济”的特点与内在发展逻辑

当前基于互联网技术与新兴商业模式的“新经济”也称为“四新经济”，所谓“四新”，即新技术、新产业、新模式与新业态，该提法是近年来产业经济领域创新形态的一个概括。

（一）“四新经济”的内在逻辑关系

根据王德禄（2014）对新技术、新产业、新模式与新业态之间的关系做的全面的归纳研究，商业模式创新属于企业微观层面的创新，而业态创新则属于产业中观层面范畴。二者之间存在互动关系，商业模式变革引发业态创新，企业基于商业模式创新成为具有强竞争力的大企业；业态创新则可以催生新兴产业的兴起。

企业家凭借新技术开始创业，而创业企业的商业模式将引发业态创新，最终导致新产业的出现，因而四者关系表现为新技术→新模式→新业态→新产业的层层递进而又相互影响的关系。

“四新经济”发展离不开网络经济这个经济形态，在网络经济时代，商业模式创新的关键点是创业。创业企业的商业模式快速变化、创新，并且通过微观层面的大量试错，引发产业业态的变化。企业商业模式创新逐渐发展成为导致新业态诞生的关键因素。

颠覆式业态创新直接导致新兴产业的出现。业态创新推动着产业发展的不断变革，导致新兴产业的出现。根据人类历史的发展进程，人类社会先后出现了一系列改变世界的业态革命：如种植、集市交易、机器大工业生产、运输、金融、计算机、互联网等，并逐渐形成现代产业的核心。进入信息化时代后，技术和产业的发展日新月异，业态变化更加频繁、迅速，新兴产业诞生的周期缩短，影响越来越深刻，业态创新也开始被重视。21 世纪以来，在经济全球化背景下，业态创新决定了产业的竞争力，相应地，一个企业的竞争力也高度依赖于自身商业模式的创新，如果没有这两个层面的创新，这个产业无疑就进入衰落期。

（二）业态创新的重点——服务业新业态

1. 从宏观层面看服务业新型业态的主要特征①

（1）综合性。其出现主要依赖于分工细化和融合这两条路径，既涉及产业内部各行业之间的交叉渗透，又与其他产业相融合。所包含的服务内容复

---

① 汤浩：《江苏服务业新型业态发展及其统计改革探索》，《统计科学与实践》2011 年第 8 期。

杂，表现形式也更加多样，因而具有综合性。

(2) 动态性。其要素构成、产业范围、组织形态和运行模式等都在不断变化的过程中，发展过程也是持续变化、不断创新，因而具有动态性。

(3) 独特性。其发展更注重本行业的特点，从而形成与众不同的特色，同时与原有业态的竞争，也促成其业态独特性的塑造。由于现代服务业提供的服务本身具有不可分离性、不可储存性、不可控制性、不可转移性等特点，因而使得其某些业态拥有区别于传统业态的特征。

2. 从微观层面看服务业新型业态的发展趋势①

(1) 组织形态规模化。一是相互依存、相互助益的能动关系，如"城市综合体"就是将城市中的商业、办公、居住、旅店、展览、餐饮、会议、文娱和交通等城市生活空间的多种形式组合，并在其彼此间建立依存关系，形成一个多功能、高效率的综合体(或特色街区)；二是中小型企业的连锁化扩张、大型企业的集团化发展和超大型集团的战略联盟等，也必然趋向组织形态规模化。

(2) 经营方式专业化。一是现代高尖端领域技术的集合，如国际干细胞库及公共服务平台，主要致力于各类干细胞的提取、研究，重大疾病干细胞的鉴定，诊断、治疗和新药开发；二是信息技术服务外包、业务流程服务外包和检验检测服务外包的快速发展等。其共同特点就是本行业的业务经营方式趋向专业化。

(3) 资源整合集约化。主要表现为信息化时代资源要素的优化整合。如云计算，就是将大量用网络连接的计算资源统一管理和调度，构成一个计算资源池向用户提供按需服务。

(4) 空间形态集聚化。主要表现为不同组织机构在区域的分布会形成空间意义上的集聚。如金融服务的风险投资、快速贷款和财务公司等非金融机构的金融活动，进一步促进了资本经营与金融资本经营的良性互动，为高科技创新公司提供融资，推行农户联保贷款措施，帮助企业化解资金制约等。

(5) 主辅分离趋利化。主要表现为实施企业主辅分离，有利于调整优化产业结构、推进经济转型升级，也有利于企业内部的研发、设计、物流、服务等业务向规模化、产业化方向发展，加快产业链从生产加工环节向自主研发、品牌营销等服务环节延伸，加快生产性服务业集聚发展。

---

① 引自汤浩：《江苏服务业新型业态发展及其统计改革探索》，《统计科学与实践》2011年第8期。

(三) 产业组织方式创新[①]

以云计算、物联网、下一代互联网、下一代移动通信技术为代表的新一轮信息技术革命，正在成为全球后金融时代社会和经济发展共同关注的重点。信息技术创新不断催生出新模式、新产品和新应用。当前产业组织方式的创新集中表现为如下几个方面：

1. 产业创新具有明显的“簇”、“链”特征

“簇”现象是指由于技术或组织方面的原因，使高度相关的产品在一定时期内会成群出现，使创新活动持续不断地进行，从而在一个产业内将有一“簇”而不只是一个成功的企业，使某一产业甚至于几个产业保持竞争优势。“链”指的是在生产结构或产业结构中的链。创新活动的开始和创新能力的提高，与这种“链”紧密相联，每个企业或公司是生产链中的结点，而生产者、供应商和用户等则是产业链的组成部分，也是链中的结点。通过企业间的生产联系，可以促进整个产业链的发展。同时，任何一个企业或环节的创新，也将带动产业链的创新和能力的提高，形成产业创新的聚集。因此促使产业创新成功，要注重产业内的“簇”、生产中的“链”结构和行为的综合性。

2. 产业创新需要来自国家与企业的宏观、微观两个层次的融合与协同发展

对国家创新系统而言，产业创新是国家创新体系内在要求的一种体现、贯彻和落实，是贯彻、落实国家创新政策的基础性行为；同时产业创新不仅包含产业内企业个体的创新，而且更关注与产业发展相关的共性和基础性创新。对企业创新而言，产业创新又属于包括调控和指导在内的综合性行为，是从国家创新体系到企业创新系统必不可少的领域和层次。产业技术分布与创新和一定的空间地域有很大关系，创新也具有明显的空间特性，大量的创新活动是以区域块的形式出现的。

3. 产业创新是行业整体创新，而不是局部创新

企业创新和产业创新的区别在于研究的对象和效果两个方面。产业创新

① 引自李庆东：《产业创新系统协同演化理论与绩效评价方法研究》，吉林大学博士学位论文，2008年。

关注的对象是针对整个产业而言的，而企业创新则是针对单个企业而言的。因此，产业创新包括多个企业技术创新和行业内新技术扩散两个过程，只有创新的技术在行业内得到了普及，产业在产品与技术、生产组织、管理和市场多环节实现了创新，才实现了产业创新。由此可见，生产需要分工，创新也需要分工。分工既是创新的前提，也是创新的结果。

4. 产业创新具有系统性

产业本身就是一个复杂的社会系统，这个系统既有内部的自组织机理作用，同时又与系统外的能量交换。企业是产业创新的微观的和直接的主体，同时，由于产业是一个国家或地区的产业，政府对于其创新的内容、方式等必然具有影响作用。另外，独立的科研机构、教育培训机构、其他关联产业等也会在不同时间和空间上提供创新源、创新人才、创新路径等。同时，政府因素、国际同行等也会影响产业创新。这些组织和个体对产业创新的方方面面形成一种动态的网络结构，共同推动或影响产业的创新方向和创新效率。也就是说，创新是一项系统工程，它不但受到了系统规则的制约，而且还受到个体动力、组织压力和外界政治、社会、经济的影响。

（四）中国产业创新促进战略的导向

基于互联网技术的信息产业新技术、新模式和新业态正逐渐成熟，催生了该领域的新增长点，相关领域的制造和服务经济活动成为全球各国经济增长战略的重点，对于摆脱经济危机具有重要意义，也是中国抢占后危机时代经济发展制高点的关键。

1. 在创新驱动主战略下定位新业态

“创新驱动，转型发展”是上海“十二五”时期经济社会发展的总方针。而新一轮信息技术创新，将会带动我国相关产业从技术到应用的全系列创新，是当今我国能够和国际创新保持同步的、为数不多的重大创新机会之一。上海作为改革开放的排头兵，理应把握机遇“先试先行”，为成功经验的复制推广和其他地方经济发展提供借鉴。

大力发展新型业态是上海以创新驱动城市发展转型的需要；是上海落实国家战略、建设四个中心的要求；是促进上海四个中心建设的有力举措；是上海加快推进服务经济和平台经济发展的强大动力。目前，我们需要对新型业态的发展有全面的认识，结合各个地区制造业与服务业的发展基础，找到合适的发展战略与路径。

根据上文的新业态表现特征与应用前景，结合中国目前知识密集型制造业与现代服务业的发展现状，我们可以将新业态分为三大类别。

一是优化类新业态，包括工业机器人、融资租赁、移动互联网、跨境电子商务、农村电子商务、数字会展、冷链物流、城市配送物流、保税物流、邮轮游艇旅游。针对这一类别的新业态，提出将优先实施“强链”行动，强化科技驱动、信息化带动以及发展模式创新，进一步做优配套、做大规模、做强品牌。

二是提升类新业态，包括汽车服务、总集成与总承包、高端消费品制造、新材料、新能源与节能环保、新型显示、城市矿产、新媒体。比如广州，针对这一类别将加快推进“补链”行动，重点培育发展“微笑曲线”两端企业，引导产业链向高附加值环节延伸、拓展，补齐产业链高端环节缺失的短板。

三是培育类新业态，包括3D打印、通用航空、新能源汽车、智能电网、卫星导航、海洋生物医药、大数据、互联网金融、航运金融、碳金融、消费金融、服务业超市。针对这类新业态将启动开展“建链”行动，强化产业链招商引进具有核心地位的龙头企业进行辐射与延伸，培育形成较大产业规模和较高集聚水平的新兴产业集群。

2. 以制度建设推进新业态的规范化发展①

针对一些商业模式独特的企业，建议政府有关部门加强调研，搭建沟通平台，保持顺畅的交流机制，及时解决反映相对集中的问题。对上海新型业态的骨干企业和紧缺型人才，通过多种方式降低其负担。

改善市场准入环境。一是树立“非禁即入”的原则，先鼓励发展，再规范治理；二是设立警示和退出制度，对一些有不良行为的新型业态经营者可以对进入市场进行限制；三是鼓励新型业态经营者进行行业自律，支持有关行业组织对经营者的服务进行监督和协调。

健全相关法律法规。一是有针对性地制定新型业态地方配套法规，在一些特定领域如大宗商品中远程交易上加快补充完善法律法规和行业标准。二是进一步完善与新型业态发展紧密相关的法律法规，如市场交易制度、信用制

① 樊星：《新型贸易业态的现状、问题与对策》，《科学发展》，2013年第12期。

度、公平竞争制度、知识产权制度等。

3. 助推新业态与金融、物流现代服务业的融合发展

健全新型业态的金融服务体系。一是加快推广离岸账户使用。让更多符合要求的跨国企业建立离岸金融账户，进一步完善专用账户功能，进一步简化结汇手续，推进收款便利化。二是争取国家金融监管部门支持，允许在试点区域实行与离岸贸易相匹配的离岸银行、离岸保险、期货保税交割等离岸金融业务相关的金融创新。三是加强电子支付对新型业态的有力支撑。在实现人民币跨行支付、跨境支付、票据等管理服务电子化的基础上，积极发展第三方支付，鼓励互联网支付、移动支付等多种新型支付渠道的发展。四是加大对新型业态企业的支持，根据其创新成果及其产业化进度和资金需求程度，给予一定的贷款担保，并可为其补贴贷款利息，鼓励其创新发展。

完善新型业态物流服务体系。一是加强新型业态的物流支撑能力建设。发挥电子口岸平台与高速公路、港航电子数据交换（EDI）中心整合优势，建设一体化的口岸物流信息平台，基本实现与长三角、长江流域及国内国际主要口岸城市联网，提高物流的通行速度。二是鼓励整合利用现有物流配送资源，支持物流信息协同服务平台和共同配送中心建设。三是鼓励新型业态企业与物流企业进行合作，推动虚拟的产业网和实体的物流网充分融合。

第二章　科技创新空间布局——理论分析

当前全球科技创新的发展日益呈现地理空间上的相对集中，以特定区域与特定城市为载体的创新集群发展在发达国家与中国当前的创新进程中愈发突出。对于这一发展态势的理论解读，需要从多个视角展开，包括创新区域、城市创新体系与创新生态环境等多个理论的文献有助于我们全面认识当前产业创新发展的空间格局。

一、以创新集群为视角的研究

科技创新空间格局的理论解读是多视角的。创新要素的分布在网络化发展的同时也呈现特定区域（城市）相对集中的状态，这已经成为全球范围内不争的事实。国外的相关研究文献对创新区域的研究主要以创新集群为视角。以产业集群理论为本源发展而成的创新集群理论，其核心思想与产业集群理论是一脉相承的，其本质内涵有相通之处，并综合了区域创新系统、创新环境培育和产学研合作网络等高度应用性问题的研究，因此创新集群是一个多元视角交叉的问题。

创新的空间布局问题既包括宏观视角的产业集群分析，也涵盖微观视角的企业创新竞争力分析，相关文献包括著名企业战略学家波特的研究，他是较早从产业维度研究创新竞争力的经济学家，他的研究融合了产业竞争优势与产业集群的分析框架，是就创新集群的一个重要研究成果。

（一）产业的创新竞争力理论

波特的创新问题研究在相关领域内发挥了贯通创新的微观研究与宏观研

究两方面的特殊作用。在《国家竞争优势》一书中，他分别从产业和国家两个层面探讨了创新、竞争力、产业集群之间的关系。在产业层面，创新包括改善技术和改进操作方法，是企业获得竞争优势的重要手段。产业集群效应会促进研发与创新。在国家层面，波特根据每个国家的产业表现及竞争优势的来源，将一国经济竞争优势的发展分成四个阶段：生产要素导向（factor-driven）阶段、投资导向（investment-driven）阶段、创新导向（innovation-driven）阶段和财富导向（wealth-driven）阶段。前三个阶段是国家竞争优势的主要来源，一般伴随着经济上的繁荣；而第四个阶段则是个转折点，经济可能由此开始衰退。

在创新导向阶段，国家的创新和竞争优势都达到了巅峰状态。在此阶段，创新提升了产业的竞争力，并促进产业集群向纵向和横向两个方向发展。另一方面，产业集群的发展也产生了更多的创新。

在财富导向阶段，一国经济开始走入衰退。创新的动力已经丧失，经济依赖前期积累的财富而得以勉强维系。因创新活动停滞，产业集群中的优势产业变成上游产业的负面客户，也不再是下游客户的创新媒介，产业的竞争优势不断丧失，规模开始缩小，最终导致既有的产业集群发生解构。

需要指出的是，波特认为一国经济的发展阶段并不一定是遍历性的，也不一定是单向演进的。例如，有的国家可能会发生跳跃，如意大利直接从要素导向跳跃到创新导向模式。而有的发展中国家则长期停留在要素导向或投资导向阶段，难以向创新导向阶段迈进，如新加坡和韩国。波特在继承传统创新理论的基础上，提出了产业集群理论，强调了创新与产业的互动关系，极大地启发了后来的研究。

（二）技术经济与空间双维度的创新集群研究

从创新集群的相关文献来看，学界的研究可以区分为两个研究维度：一个是技术经济维度，另一个则是地理空间维度。其中，技术经济维度强调创新主体间的连接方式和互动关系，地理空间维度强调地理空间分布对创新集群的重要作用（钟书华，2008）。

1. 技术经济维度的创新集群研究

技术经济维度研究的代表人物是熊彼特。熊彼特于1912年在《经济发展理论》一书中最早提出了“创新理论”,他认为“创新”是指建立一种新的生产函数,即把一种从来没有过的关于生产要素和生产条件的“新组合”引入生产体系。这种“新组合”包括引进新产品,引用新技术,开辟新市场,控制原材料的新供应来源,实现企业的新组织。

2001 年 OECD(经合组织)在《创新集群:国家创新体系的推动力》中指出,集群是企业通过相互作用逐步聚合以提高竞争力的经济现象。这一研究吸收了波特对“集群”的解释,并拓展了“集群”的外延,强调“集群”是一种通过创新形成竞争优势的集聚经济。值得注意的是,OECD 认为,“创新是基础科学研究进步过程的结果”这种早期观念是片面的,强调创新主体间的互动的重要性。Shantha Liyanage(1995)指出,创新集群既不是产业集群也不是科学领域的集群,既不是描述成功的产业也不是描述科学领域的增长变迁;而是指在研究机构和产业间形成的创新技术网络和连接。Broersma(2001)认为,创新集群是彼此间具有创新强连接的产业群体,但是与产业的其他剩余部分存在创新弱连接。Brigitte Preissl(2003)指出,创新集群是一个在经济部门或产业中有助于创新实现的、相互依赖的组织集合。这一概念强调了创新集群的物理连接和虚拟连接。钟书华(2008)则将创新集群明确定义为:是由企业、研究机构、大学、风险投资机构、中介服务组织等构成,通过产业链、价值链和知识链形成战略联盟或各种合作,具有集聚经济和大量知识溢出特征的技术—经济网络。

2. 地理空间维度的创新集群研究

地理空间维度的研究可追溯到马歇尔和韦伯。马歇尔在 1890 年出版的《经济学原理》一书考察了工业的地区分布问题,提出了规模经济的概念,被认为是最早的产业集群思想。继马歇尔之后,韦伯在 1909 年出版的《工业区位论:区位的纯理论》一书中,指出工业集聚可分为低级阶段和高级阶段,低级阶段主要表现为企业规模的扩大,高级阶段则表现为许多在生产上、销售上存在密切联系的企业向一个地点集中。

Hart(2002)拓展了新经济地理理论,在生产的地理集中特征研究(Panl Krugman, 1991)的基础上,进一步考察了创新活动的地理集中特征。创新地理学理论认为,创新集聚具有以下三方面的特征:第一,创新集聚在知识溢出密集的区域。第二,知识的默会程度越高,地理集中度就越高。第三,在产业生命周期的不同阶段,创新集聚程度也不同。研究型大学倾向于在生命周期的导入阶段促进创新集聚;产业的研发机构主要在生命周期的增长阶段发挥促进创新集聚的作用。此外,在创新生命周期的成熟和衰退阶段,提高生产的地理集中度将导致创新活动进一步分散。

(三)创新集群的科技园区载体研究

在产业集群问题上,有关产业集群的效应分析是一个重要的研究领域,相关成果丰富。美国学者安娜利·萨克森宁(Annalee Saxenian, 1994)对硅谷和128公路两个主要高新技术产业区进行了深刻的比较分析,引起了区域发展政策制定者和学者们的极大关注。迈克·波特(Michael Porter, 1998)对纽约的媒体产业群进行了探讨,杰夫·萨伯斯坦和丹尼尔·罗斯(Jeff Saperstein、Daniel Rouach, 2003)对世界9大高科技园区进行了较为系统的分析,麦克尔·本德对澳大利亚产业群政策进行了分析,卡里德·纳德维和杰哈德·哈尔德(Khalid Nadvi、Gerhard Halder, 2002)对巴基斯坦和德国的医学产业集群进行了实证分析。

奥德雷茨和戴维对产业的集聚效应进行了探讨,他们认为,产业在一定区域内的空间集聚,并不必然意味着集聚区域持续竞争优势和创新能力的产生。区域内的产业在集聚过程中能否进行知识的快速创新、转移、扩散,已经成为衡量产业发展潜力大小的标准,同样也影响到产业的进一步子聚合区域经济发展的优势获得。知识的创新活动及其在地域上的集聚活动,已经或正在成为经济地理研究的新方向。

著名区域经济学者迈克·斯托普与阿伦·斯科特(Michael Storper、Allen J. Scott, 1992)认为,新产业区作为新的产业空间,是大量专业化中小企业在集聚过程中生成的"柔性生产综合体"(flexible production complex)。新产业区出现在福特制批量生产已被抛弃的地区,同时也出现在大城市的周围地区。

(四)地区技术创新网络发展研究

欧洲学者在区域创新网络的研究领域一直处于领先地位。1991年,欧洲创新研究小组(GREMI)成员卡马吉尼(Camagini)等在《创新网络》(*Innovation Net-*

works）一书中指出，企业及其外部的网络连接是创新区域发展过程中的关键点，企业与整体区域之间的纽带对于创新成果发挥关键的作用。区域创新网络与区域创新环境是两个有区别的概念，又同时影响新产业区经济的发展。同年，美国的萨克森宁撰文指出，区域创新网络包括产业合作网络、社会关系网络与人际关系网络，他特别强调社会关系网络与人际关系网络的重要性。

哈里森（Harrison, 1992）指出，创新网络的根植性（embededness）对于产业区发展来讲，显得尤为重要。没有它，企业容易受到区外不断变化的条件影响，外部活动日盛，区内的合作基础越不稳固。创新网络在外部连接时，必须根植于当地的社会文化基础才能更好地发挥作用。此类论点还有不少，这对于我们进行跨区联动的探讨有良好的借鉴意义。

在产学研的相互作用方面，L.布兰斯科姆主编的论文集中，各国学者对美日两国的高校与工业企业之间的互动进行了探讨。沙伊德·尤素福、M.阿尔塔夫、巴里·艾森格林（Shahid Yusuf、M. Altaf、Barry Eichengreen, 2003）等学者对东亚的创新体系及其未来发展趋势进行了阐述。

亨利·艾兹科维茨（Henry Etzkowitz, 2002）认为，高校不应当局限于教育及知识提供者的传统角色之中，而应当在传统作用基础上增添知识市场化的新作用，这一发展有助于企业发展体系的进一步完善。亚当斯（Adams Jaffe, 2001）对学术机构与工业企业的地方性互动情况进行了比较研究。L.安思林等学者对高校和高科技创新企业的地区性溢出效应进行了探讨。

王辑慈（2005）在《创新的空间》一书中，结合我国当前区域发展和区域研究的现实，比较分析了国内外经典案例。书中指出，培养具有地方特色的企业集群，营造区域创新环境，是强化区域竞争优势的关键。

盖文启（2002）的著作《创新网络——区域经济发展新思维》从区域创新网络的角度探讨了区域经济发展的机制。作者探讨了区域创新网络的基本理论和原理，分析了产业的空间集聚与网络的创新活动，并对北京中关村地区的区域创新网络发展进行了实证分析。

许继琴（2006）在《产业集群与区域创新系统》一书中，以产业集群理论、创新系统理论为依据，在产业集群形成机制、产业集群创新模式研究的基础上，提出了基于产业集群的区域创新系统模型。

孙丽杰、刘希宋（2007）对技术创新体系、区域技术创新体系以及国家技术创新体系进行了对比和分析。他们认为，技术创新体系是一个由参与技术发展和扩散的企业、高校及研究机构组成的，有市场中介服务组织广泛介入，政府适当参与的，为创造、储备并转让知识、技能和新产品服务的，相互作用的创新网络系统。区域技术创新体系则是指各个区域（包括一国内部不同级别的行政区、经济区）建立的相对独立的技术创新的子系统。众多的区域技术创新系统相互协作与竞争，是国家技术创新系统健康发展的基础。国家技术创新体系对区域技术创新体系起指导和约束作用。区域技术创新体系作为一个层次化、结构化、网络化的系统，有着鲜明的结构特征，其发展也有独特的推动力。

贺赛龙（2005）则对以区域为基础的城市创新体系进行了分析。他提出，区域创新体系理论虽然提出了产业群、创新网络和三螺旋发展的理论要点，但整个理论仍存在一定的局限性：第一，宏观上没有找到具体的理论和社会实现形式；第二，没有解答怎样通过互动关系实现科技成果转化的问题；第三，没有探明高新技术企业创新的条件和途径。因此，作者提出了"城市创新体系"的概念，认为其更具实践意义；并指出，这一体系构建于几个基本点：教育科研机构、技术交易市场、创业投资机构、中介服务机构网络。

陈林生（2005）对产业集群在促进区域创新体系建设方面的作用进行了探讨。他认为，产业集聚源自三个方面的因素：经济活动的区位指向性，某些经济活动之间的内在经济技术联系，某些在生产分配上有密切联系的经济活动对空间规模外部性的追求。产业集群对区域创新体系的具体作用体现为：产业集群为区域提供了创新网络；产业集群的组织结构有利于区域创新能力的提高；产业集群有利于知识扩散和推广，有利于企业间的合作，有利于形成创新人才库。

二、中国区域创新体系发育与促进战略研究

区域创新体系概念的创新要素与创新活动，在特定地区的高度集聚带来相对集中的创新主体和相对高水平的创新成果。它强调的是创新主体之间形成一个自发集中的过程。这个体系的动力需要有特定的外部条件，往往有政府推动的因素。有政府战略、科研机构与企业等创新主体的协同发展，才能构

建一个可持续的创新要素供给与转化的系统。

（一）区域创新体系的概念

区域创新体系的概念最早于1992年由英国学者菲利浦·库克(Philip Cooke)提出。在此之后，关于区域创新体系的研究不断加深，区域创新环境、创新支持体系、企业创新行为等方面都成为学者们探索的热点。一般而言，区域创新体系主要指在一个区域内，由参与技术创新和扩散的政府机构、企业、大学和研究机构组成的，具备内在相互关系，为创造、储备和转让知识、技能和新产品提供媒介的网络系统。区域创新体系具备开放性、动态性、网络化、高弹性以及根植性等重要特点。区域创新体系中区域网络与区域各要素的相互关系和相互作用是体系发展以及创新过程中的核心要件。

对于一定区域而言，其吸引企业，形成创新良性发展机制的主要因素在于其具备的长期条件，即其自身具备的供给因素，区域内长期形成并积累的条件。如基础设施、高素质劳动力、宜人的环境、社会网络、对高质量产品和服务不断增长的需求等。对此，美国研究区域创新问题的著名学者麦克·斯托普(Michael Storper)曾指出，生产体系中包括短期条件与长期条件在内的地区特质，可以通过劳动力市场、投入产出系统、知识体系三个途径形成和获得。良好的地区特质能提供区域发展的有利条件，也可以被认为是区域的支持性特征。

（二）区域创新体系的主体

区域创新体系的主体主要包括：政府、企业、高校、科研院所、科技中介服务机构、教育培训机构等。从功能的分类上，这些角色可分为区域政府组织、经营性市场组织、智力资源提供组织以及中介组织。以之为基础，构成区域创新体系的三个基本要素：面向市场的科技资源，不断衍生和壮大、机制灵活的新型企业，灵活有效的经济政策和政府治理。

1. 创新环境的营造者及推动者——政府机构

根据区域创新体系理论，政府部门在网络与行为主体之间扮演“桥梁”的角色，通过积极参与营造创新氛围，使知识、信息的传递和扩散更为准确和有效。一部分学者认为，政府及公共部门不是创新活动的直接参与主体，其作用主要体现在对创新环境的塑造上。而在实际的体系运作之中，政府往往通过具体政策及相关经济投入，直接推动创新网络的形成。同时，政府还是区域制度创新的主体，为创新活动提供制度保证。

2. 创新的直接行为主体——企业

企业是区域创新体系中最重要的经济单元，也是技术创新的主体。在区域创新体系中，创新的效果主要通过企业来体现。在以企业、高校、科研院所、地方机构为节点构成的创新网络结构中，作为知识创新、技术创新与扩散交叉点的企业是区域创新系统的运动中枢。以企业为中心结点的网络连接不仅是企业集群的研究重点，也是区域创新体系研究的出发点之一。

3. 创新的智力源——高校及科研院所

在创新网络结点中，高校和科研院所扮演重要的智力及知识提供者的角色，是区域知识创新的主体。通过创新体系的运行，高校和科研院所的知识储备向企业流动，并形成良好的反馈回路，构成网络体系中密集的知识流动，使科研主体和企业间形成双向互补的稳定关系，大大增加系统的创新机会。此外，高校和科研院所还担负高水平劳动力的供给任务。教育培训是知识生产、应用和传播的重要环节，高校和科研院所的强大教育和培训力量使其能够为企业及其他有需求的部门打造高素质的劳动者队伍。

（三）区域创新体系的发展模式

区域创新体系之中，包含创新网络以及创新环境两个相互影响的要素。创新体系的形成依赖于上述两者的有效叠加，在这一叠加过程中，企业、大学、研究机构、政府等创新网络结点在互动中连结成创新的有机体，并融入到区域的创新环境中，从而形成创新系统。在实践过程中，区域创新网络的发育及创新活动和周围环境密切相关，相互作用，形成类生态系统。另一方面，区域各创新行为主体的活动本身也对创新环境起到重要的塑造和影响作用。有学者认为，从某种意义上看，创新环境与创新网络间的关系可以视为社会资本在经济发展系统中的渗透。

区域创新体系的良性运作依赖于本地化的创新网络，即有效适应并参与塑造地区创新环境。它是具有根植性特征的创新有机体。但另一方面，随着区域创新体系的发展，其开放性将不断加大，区域创新网络的作用范围将超出行政区划以及地理界限，在国家范围内甚至跨国领域参与创新活动。这是经济全球化背景下，要素的空间流动性加大的必然要求。同时，区域创新体系中的一些主体本身就带有国家层次的级别特性，其创新技术及相关活动的空间应用范围也将出现跨区乃至全国性的特征。从某种角度上看，区域创新体系运作中的跨区性和非本地化特征，恰恰体现了区域创新体系与更高层级上的城市创新体系、国家创新体系之间的对接。

产业群是区域竞争力的重点。通过要素之间和生产环节之间的整合建立以专业化分工网络为基础的产业集群，能够强化地区经济增长的核心能力。在产业区的形成过程中，企业之间的分工不断细化，以提高专业化水平。随着企业之间的交易频率增加以及协作关系的进一步密切，本地化网络逐渐形成。该网络中企业子网络、劳动力子网络以及学习、创新子网络逐渐构成一个集体，从而形成创新的条件和环境，各行为主体间的创新活动也得以形成网络或系统。因此，区域创新体系也被认为是基于产业集群的群簇式创新系统。

因此，在区域创新体系的创新网络结构中，各主体在平等的基础上进行相互间的协作和要素交流。劳动力、资本、新知识、新技术以及创新信息在网络中得以顺畅地流动、扩散、创新与增值。此种基于产业集群的创新网络结构中，开放性、多样性、多中心的特征十分显著。

（四）区域创新体系的动力机制

区域创新体系的发展机制包括内部动力机制及外在环境促进机制两部分。创新体系的内在发展机制要素包括：技术创新激励机制、技术扩散机制。其中，技术创新激励机制包含产权制度激励、市场激励、政府激励、企业自主激励等要件。通过各激励要素的合力，能够有效推动创新活动，形成网络中各主体间的有效互动。在激励机制中，最具主动性和潜在效果的就是政府激励。这一激励手段的操作主体能够通过政策、资金、税收、购买等多种手段自上而下地进行主动推进，从而具备影响区域创新体系全局的功能。

而技术扩散机制由法律法规、项目计划以及一系列非正式渠道组成，这一机制决定了创新系统的技术扩散、应用能力及可持续发展前景，因此是区域创新体系中的关键组成部分。在扩散机制的运行中，需要地方政府的立法与行政保障，同时，政府的项目推动也能为之产生有益作用。此外，区域内一系列由创新环境推进的非正式交流也将对技术扩散产生贡献。其他领域的制度因素还包括区域公共治理机制和科研开发、教育培训机制等构成要素。

其中，区域公共治理机制需要对“三区联动”中各方利益的整合作出响应，从行政上打破各利益主体的隶属关系差别、机构属性差别，最大限度调动合作创新动力。

研究开发和教育培训机制则响应社区和产业的“联动”，注意创新体系建设的全社会性、全方位性、全过程性；强调研究开发的公共平台建设和成果的应用转化；鼓励高校响应社会创新对人力资源结构和素质的新要求，从教育、学术研究和直接推动科技研究开发等各方面，推动创新产业发展。

在区域创新体系的发展机制问题上，20 世纪 90 年代亨利・埃茨科威兹与罗伊特・雷德斯多夫(Loet Leydesdorff)提出的“三重螺旋”(Triple Helix)的研究是一个重要成果，他提出来的“三重螺旋”模式受到学界的广泛关注。该模式认为，大学、产业、政府三方在创新过程中应密切合作、相互作用，三方中的每一方都表现出另外两方的一些能力，同时每一方都保持自己的独立身份。由于联系与相互作用，代表这些机构范围的每个螺旋都获得更大的能力，进一步相互作用与合作，支持在其他螺旋里产生的创新，由此形成持续创新流，共同发展。该理论还指出，三重螺旋区域创新空间由三个方面组成，即知识空间、趋同空间和创新空间。实现区域三螺旋创新模式关键在于这三种空间的创造。区域三螺旋相互作用可以被归结为发生在一系列空间中的创新作用，三个空间彼此重叠，相互交叉。这一理论对于营造区域创新环境，改善创新体系运行，减少创新网络形成过程中的障碍等具有重要的借鉴意义。一些学者在此基础上还提出可以将劳动力、风险资本、公众等视为第四螺旋，对这一理论提出进一步的补充。

在创新型大国战略的导向下，中国区域创新网络与城市的创新空间布局问题的研究是创新领域研究的重点，其研究方法综合了城市理论与区域经济学的多种研究方法。在相关的理论研究与决策咨询研究中，典型的成果包括中国区域创新网络的发展格局研究，上海、北京等中国领先创新型城市的创新集群研究，城市内部的创新园区规划研究。

(五) 中国区域创新体系与创新网络研究

随着中国一线城市的创新战略的推进，大型城市内部创新网络建设问题成为关注的重点。其中,一个广泛关注的问题是集成校区、园区与城区三元主体的“三区联动”问题,相关文献是我们认识中国现阶段创新网络空间布局的切入点。

在“三区联动”的模式问题上,郁鸿胜(2005)认为,三区联动可以考虑采用圈层互动布局的发展模式。在核心圈层,可考虑知识化联动,以大学知识集聚与产业技术扩散联动为主,重点在于知识源联动和知识辐射联动。在中间圈层,可以考虑城市化联动。一是产业联动,包括地产联动、工业科技联动和教育产学研联动。二是城市设施联动,包括城市交通、商业中心、文化娱乐设施、城市信息化联动。三是人力资源联动,利用大学师资设施与区县合作,培训创业就业人群。在外围圈层,甚至可以适当考虑旅游文化联动,可以有自然景观景点与人文景观景点之间的联动。

王延峰、谢富纪(2005)提出了“十一五”期间上海建设城市创新体系的五个子网络系统:(1)培育以企业、高等院校和科研院所为主体的创新组织网络;(2)完善以科技成果转化为核心的创新服务网络——技术创新中介服务组织;(3)建立以企业为主导的创新投入体系;(4)健全以科技人才和创业人才培养为重点的创新人才开发体系;(5)构筑以优化环境为目标的创新法规政策体系,政府做创新体系的“引导者”,而不是创新体系的“建设者”。作者认为上海的创新体制已经实现了由“政府投入主导型”向“政府投入推动型”的转变。

三、创新体系内的产学研合作网络

在区域创新体系的演进和发展过程中,企业、高校和科研机构之间的彼此合作与协同发展是影响区域创新体系的关键因素,三者之间合作的紧密程度与合作方式不仅影响创新体系的空间组织方式,也是该系统实现创新成果转化的载体。

(一) 产学研合作中的“大学城”问题

由于大学城作为一种高等教育圈,率先出现在英美等一些高等教育发达的国家,因此,欧美的创新城市研究领域对大学城的研究非常重视。相关研究的焦点在过去十多年中有所变化,早期研究文献中有关大学城发展的效应问题是一个核心问题;近年来的研究则在前者基础上深入到“大学—社区”与“大学—城市功能”联动发展的问题上。美国学者 G.斯帕尼尔指出,大学传统上就具备独立开展教学、科研以及社区服务的多重功能。①E.肯尼迪、L.汤普森等学者进一步认为，高校应当与社区形成互动，共同制定惠及当地居民的研究项目和科技政策。他们指出，一个成功的学校—社区合作模式应当基于双方的相互尊重和共同学习之上，各个主体间必须彼此了解对方的文化和知识层次②。围绕高校与城市其他主体之间的合作模式，国外学者从多个不同方面进行了研究。杰罗德·格林伯格、多娜·霍华德、S.罗索斯、米提斯·苏利文、詹姆斯·凯利等学者对高校与城市公共健康部门的合作进行了研究。③杰弗瑞·纳尔逊、艾萨克·普里拉特斯基、海斯·麦吉里瓦里等学者则从社区心理角度对高校与社区合作内涵进行了探讨④。道格拉斯·吉尔斯、马迪·巴特勒、安格鲁·罗斯等学者从城市规划角度对社区中的学校—社区合作问题进行了研究，并以芝加哥为案例，探讨了学校—社区合作在城市规划方面的作用和影响。⑤

大学城问题也是我国学者研究的热点之一，从我国大学城出现之际，国内学界就对之保持着高度的关注。这一关注尤其表现在学者们对大学城在教育资源重组、开发的重要作用这一热点问题的研究上。王伯伟认为，大学城的兴建是城市范围内教学资源重组的新尝试，教育产业运作与教学资源的共享与

---

① G.B.Spanier, "Enhancing the Quality of Life: A Model for the 21st Century Land-grant University", *Applied Developmental Science*, 1999(4), pp.199—205.

② E.M.Kennedy, "University-community Partnerships: A Mutually Beneficial Effort to Aid Community Development and Improve Academic Learning Opportunities", *Applied Developmental Science*, 1999(4), pp.197—198.; L.S.Thompson, "Creating Partnerships with Government Communities, and Universities to Achieve Results for Children", *Applied Developmental Science*, 1999(3), pp.213—216.; R.M.Lerner, L.A.Simon eds, "University-community Collaborations for the Twenty-first Century: Outreach Scholarship for Youth and Families", *New York*: *Garland*, 1998.

③ J.S.Greenberg, D.Howard, S.Desmond, "A Community-campus Partnership for Health: The Seat Pleasant-University of Maryland Health Partnership", *Health Promotion Practice*, 2003(4), pp.393—401; S.T.Roussos, S.B.Fawcett, "A Review of Collaborative Partnerships as a Strategy for Improving Community Health", *Annual Review of Public Health*, 2000(21), 369—402; M.Sullivan, J.G.Kelly, "Collaborative Research: University and Community Partnership", Washington, DC: American Public Health Association, 2001.

④ G.Nelson, I.Prilleltensky, "H.MacGillivary. Building Value-based Partnerships: Toward Solidarity with Oppressed Groups", *American Journal of Community Psychology*, 29, 2001, pp.649—677.

⑤ D.C.Gills, Mattie Butler, Angelo Rose, Sandra Biviens, "Collaborative Research and Action in Communities Partnership Building in the Chicago Empowerment Zone", in M.Sullivan, J.G.Kelly. Collaborative Research: University and Community Partnership. Washington, DC: American Public Health Association, 2001, pp.85—105.

有效利用是大学城得以产生和发展的关键问题。他主张，大学城应当将自身具备的硬资源（资金、技术装备）和软资源（文化资源）加以有效转换，为其他系统提供附加值，从而形成教育产业的巨大科技影响力和对相关产业的辐射力①。皮耐安则从微观层面上阐述了大学城软资源共享问题必须抓住三个要点整合校区专业和学科②，即实行真正意义上的学分制，尽快建立校区的师资中心，以课程建设为中心。

潘懋元在大学城研究方面做出了重要的开创性工作。他在2001年指出，大学城应被当作知识经济产业来办，应当成为“以大学为主体，企业为主要投资者，政府起支持、指导、协调作用，采取市场运作、产业化经营、社会化服务的”高等教育新模式。③2002年，在《高等教育研究》上，他对大学城的功能与模式进行了进一步探讨，认为大学城是高等教育与社会经济协同发展的枢纽，也是使高等学府成为经济社会中心的重要基地。④

随着大学城建设的发展，一些学者开始从经济学角度对大学城的效应问题进行分析，力图从中寻找这一新生事物对区域经济的影响作用。曾国平等指出，大学城的意义在于其通过在教育、科研、人才、信息等资源的集中整合、优化配置和立体发展，实现在更大范围内、更大程度上对各种资源的合理利用，有效促进区域经济、社会的协调发展。他们从外部效应的理论范式入手，一方面从人才、市场化运作、聚集效应、城市功能四个方面分析了大学城的外部正效应；另一方面从市场失灵、政府失灵、土地使用的大圈地现象等三个方面探究了大学城的外部负经济。他们还根据外部效应的矫正机制，提出对大学城建设的对策建议，即市场主导、政府促进、学校管理，全面、协调、科学地发展。⑤

肖郴松则分析了大学城的集成效应。他认为，大学城的创建和集成效应的发挥无法一蹴而就，都需要经历一定的阶段演进。他将大学城的发展分为五个阶段，先后为：教育资源集成、综合人才集成、第三产业集成、科技产业集

---

① 王伯伟：《大学城—城市范围的资源重组和开发》，《建筑学报》2001年第9期。

② 皮耐安：《我国大学城兴起的原因与发展建议》，《教育发展研究》2002年第2期。

③ 潘懋元：《大学城是高等学校通向社会经济中心的重要途径》，《教育信息报》2001年第11—28页。

④ 潘懋元等：《大学城的功能与模式》，《高等教育研究》2002年第9期。

⑤ 曾国平、李雪松、曾婷：《大学城的外部效应及其发展对策研究》，《云南行政学院学报》2004年第6期。

成及城市形象集成阶段。有效利用大学城建设发展过程中的五个阶段的集成效应，将对区域经济发展产生重要的贡献。一旦集成效应没有达成，也将带来一系列问题，包括资源集成变为圈地运动，产业集成变为空壳之城，形象集成变为形象工程等。这就要求大学城的发展必须因势利导，扬长避短，妥善处理发展中出现的诸多问题，真正有效地发挥大学城的集成效应。①

彭岚兰等学者撰文从选址原则角度入手，探讨大学城对城市化及城市经济的作用。文中指出，大学城建设的选址应当符合城市发展战略的原则、后备土地资源储备的原则、环境宜人、交通便利的原则、科研资源基础的原则以及社会文化积淀的原则。作者还通过对上海松江及杨浦两个大学城的案例比较，说明了大学城选址对外部城市经济环境的影响力。②

大学城的管理及运营机制，随着全国各地大学城的先后建成和运作，逐渐成为学界关注的又一热点。葛新斌、胡劲松等学者从国内现有实践经验出发，结合民法学和新制度经济学的理论，对大学城产权结构和运营机制进行了探讨。他们指出，大学城成败的关键在于建立有效的利益分配和风险分担机制，明晰大学城的产权结构和治理机制具有非常重要的意义。在大学城的不同发展阶段，可以采取三种不同的运营模式：启动期采取政府主导的"大学城管理委员会"模式，成型期采取大学城主导的"大学城董事会"模式，成熟期采取高校主导的"大学城协调委员会"模式。③

陈发美则着重对大学城内部管理体制的构建进行了研究。她认为，大学城管理体制的构建包含领导体制、管理机构以及各办学实体等多个层次。在领导体制上，应实行多成分的委员会制，下属管理机构则应职责分明、精简有效，各办学主体实行自主管理。在管理中，应重视管理机构和管理规范的统一性，努力做到宏观协调和微观自主管理的统一。④

大学城如何发掘自身人才、技术资源，在推进科技创新方面发挥重要作用，是学界一直以来十分关注的问题。一些学者根据国外的相关经验，提出

---

① 肖郴松：《大学城集成效应及其问题的思考》，《同济大学学报(社科版)》2004 年第 6 期。

② 彭岚兰、沈玉芳、柏程豫：《现代大学城发展热点及选址原则研究》，《经济论坛》2004 年第 21 期。

③ 葛新斌、胡劲松：《大学城产权结构和运营机制的理论探讨》，《清华大学教育研究》2005 年第 2 期。

④ 陈发美：《大学城内部管理体制构建初探》，《广西民族学院学报：哲社版》2001 年第 6 期。

大学城与高技术开发区的融合发展，为大学城的未来发展提供了重要参考。江苏大学的宋东林教授对这一课题尤为关注，他与其他学者共同发表了一系列论文，对大学城与高技术开发区整合发展的相关问题进行了深入探讨。宋东林等学者通过对硅谷的案例研究，从硅谷知识开发城的构建机理、大学城与高技术产业区的互动效应方面入手，揭示了硅谷营造高校与企业融合体的经验，并提出了我国构建大学城与高技术产业区融合发展的知识开发城的思路。①

在后续研究中，学者们撰文指出，高新技术开发区与大学城的建设不宜分别实施，而应融为一体，以实现资源共享、优势互补，实现高等教育发展、高新技术开发与产业振兴的互动与协调发展。大学城与高技术园区之间有许多互补之处，二者的相互融合可从地域、资金、产业结构与学科结构、人员、技术等多方面着手。②

经过初期的扩张及中期的反思，我国大学城模式的创新区域发展日趋成熟，学者们对大学城的关注焦点也从大学城自身逐步转向大学城与周边整体城市环境的互动和融合发展之上。大学城与城市化之间的互动关系成为近期学界探讨较多的问题。早在 2002 年，蒋朝晖就从规划角度对大学城与城市化的相互关系进行了探讨。他指出，在市场经济条件下，中国大学城的成功建设，必须一方面与城市发展紧密结合，另一方面运用市场化的土地策略。与城市发展相结合将为大学城提供发展动力的根本，也成为土地策略存在的基础。③

王成超、黄民生(2006)从大学城的空间模式角度入手，对大学城与城市化之间的互动关系进行了探讨。他们认为，大学城作为具有独特功能的城市社区，因组成、规模、功能、用地条件等诸多软硬条件的不同，在地理空间上也呈现出不同的模式，可总结为城市边缘区模式、卫星城模式、城内城模式等。在不同模式的发展中，大学城始终是一个开放性的城市社区，与周边区域有着紧密的联动关系。对我国大学城与其所在区域的联动进行深入探究，探索大学

① 宋东林、侯青:《硅谷是大学城与高技术产业区的融合体》,《科学管理研究》2003 年第 8 期。

② 宋东林、刘明显:《关于构建大学城与高新区融合体的探讨》,《科技进步与对策》2005 年第 1 期。

③ 蒋朝晖:《市场经济体制下的大学城建设思路》,《国外城市规划》2002 年第 2 期。

城与其所在区域紧密融合的内涵及具体措施，充分发挥大学城应有的效力与作用也成为这一领域未来的重要研究方向。①

大学城作为直接参与创新的主体，对于区域创新体系的构建具有重要的意义。近年来，学界对大学城与区域创新体系之间的关系探讨不断深化。盖文启在对创新网络的研究中指出，大学对本地域创新网络的重要作用主要体现为五个方面：(1)不断产生新的知识和技术；(2)承担教育和培训的职能；(3)直接承担衍生企业的角色；(4)建立科技园，承担企业“孵化器”的作用；(5)推动产学研密切合作网络的形成，迅速将科技信息和知识转变为新产品。②

张辉鹏、石嘉兴等学者从区域创新体系角度阐述了大学城的作用。他们认为，组建以大学为依托，“官产学研”一体化的综合性大学科技园，对构建区域创新体系有重要意义。综合性大学科技园能够成为技术创新基地、人才培养基地、科技成果交易市场、经济和科技信息发源地，因而能推进创新网络的研发支撑体系建设。③

(二) 园区、校区与社区联动问题研究

发展经济学的“增长极”理论及其发展模式，对于解释三区联动的发展模式也有重要的借鉴意义。该理论认为，在技术创新和经济发展的过程中，可以通过科技园区和高校园区的技术优势和集聚功能来推动整个区域的创新发展，对于地区经济增长产生着巨大的助推作用。这种推动作用具体表现在以下几个方面。

首先是“区位经济”的形成。区位经济是由于从事某项经济活动的若干企业或联系紧密的某几项经济活动集中于同一区位而产生的。例如，某一专门化生产的多个生产部门集中在某一区域，可以共同培养与利用当地熟练劳动力，加强企业之间的技术交流和共同承担新产品开发的投资，可以形成较大的原材料等外购物资的市场需求和所生产产品的市场供给，从而使经济活动活跃，形成良性循环。区位经济的实质是通过地理位置的靠近而获得综合经济

---

① 王成超、黄民生：《我国大学城的空间模式及影响因素》，《经济地理》2006 年第 5 期。

② 盖文启：《创新网络》，北京：北京大学出版社 2003 年版，第 123—124 页。

③ 张辉鹏、石嘉兴：《面向知识经济时代的城市技术创新体系》，中国金融出版社 2004 年版，第 212 页。

效益。

其次是"规模经济"的扩大。规模经济由于经济活动范围的增大而获得内部的节约。如可以提高分工程度、降低管理成本、减少分摊广告费和非生产性支出的份额，使边际成本降低，从而获得劳动生产率的提高。

最后是"外部经济"的发展。外部经济效果是增长极形成的重要原因，也是其重要结果。经济活动在某一区域内的集聚往往使一些厂商可以不花成本或少花成本获得某些产品和劳务，从而获得整体收益的增加。

四、创新园区发展的国际经验研究

目前世界主要大国和地区对于区域创新体系的建设都极为重视，相关的成功案例也层出不穷。根据全球主要国家创新区域的发展经验，社区、高科技园区、校区之间的"三区联动"对于创新竞争力的提升在全球大部分知名创新区域发展中都是很重要的。不同发展模式的区域创新体系与所在城市创新体系的构建和升级都依托园区与城区、大学之间的紧密合作与资源互通。

（一）创新园区的发展模式

在区域创新体系的演进和发展过程中，企业、高校和科研机构、政府之间的角色、作用以及相互间关系的差异，使不同城市、不同区域内的三区发展呈现出各具特色的运行模式，以目前的大体发展趋势而言，可大致分为三类，分别是政府主导型、多方互动型以及创新环境驱动型。据统计，目前全世界 90 多个国家和地区共创办了具有一定规模的科技园区 400 余个，美国是创新园区数量最大的国家，有 133 个科技园区，但是在发展模式上存有差异，从早期的"128 公路"到"硅谷"，其发展模式也经历了变迁。

1. 政府主导型的创新园区

在此类区域创新模式中，政府对三区的互动主要起着规划者和指导者的角色，以政府的推动为主导，三方互动呈现出较为明显的线性互动形态。在此方面，著名的美国波士顿 128 公路高科技区域无疑是典型代表。在 128 公路区域的形成过程中，美国政府给予强有力的推动，仅 1962 年，美国联邦政府的采购额就占 128 公路地区销售额的一半之多。在 20 世纪 60 年代，平均每年的联邦合同额都超过10亿美元。1970年后，在政府军工需求的引导下，128公路地区以麻省理工学院为代表的高校、科研机构与区域内大企业共同构造了具备极高技术水平和不断创新能力的电子产品革新中心，也使该地区成为美国最主要的电子产品研制、生产区域之一。这一机制也使得区域内的多方主体始终致力于建立并保持与政府之间的紧密关系，从而促进政府需求主导下的互动形态。

英国科学园在此方面也提供了较为有益的经验。在英国科学园的发展过程中，英国贸工部内的"小企业与电子商务署"和"科技政策办公室"对科学园的活动进行了推动。为充分利用大学的优良条件，英国政府还出台了一系列鼓励大学与企业结合的计划，如联系计划、院校公司计划、小企业研究与技术奖励计划等。1999年，英国政府还拨款1亿英镑在贸工部专门成立了小企业服务机构，以使政府能更多地倾听小企业的呼声，制定相关政策。此外，英国政府还不断推出成果转化计划，制定并实施多项投资、税收等方面的优惠政策措施，为优化科学园的发展环境，推动园区企业与校区的合作提供了重要的支撑。

日本东京大田区产业综合体也基本属于政府主导推动的典型创新区域。20世纪90年代初，东京市政府通过一些临时法令的执行推动了该地区的高技术产业集聚。在"东京湾复兴计划"中，再次强调了大田区的产业集聚，明确规定大田区的建设目标是建立一个行政单列的"产业城市"，为更好地促进创新型小企业的发展，政府还制定了"新企业计划"。因此，有学者指出，东京大田区的机械产业综合体向新型的知识产业综合体转变，是地方政府不断听取专家意见，扶植中小企业和改善环境的过程。

除了上述两个案例之外，著名的日本筑波科学城也是由日本政府提出和主导的，日本政府从政策、计划、财政、金融等方面对高科技企业和研究机构予以大力引导和支持，将40多个政府的研究机构迁往筑波科学城，大大推进了该区域创新体系的建设。此外，美国波士顿的128公路高科技区域，圣菲、阿尔伯克基、圣迭戈等新兴城市，新加坡工业园，韩国大德科技园等创新区域都是在政府的规划和指导下建立的。

2. 多方互动型的创新园区

此类创新区域当中，由政府搭建服务平台，企业、科研力量、政府三方间相互配合，以各主体间的利益交集为核心，建立多方互动的非线性创新推动体系。瑞典斯德哥尔摩市的创新网络就体现出这样一种多方互动的灵活性发展体系。在该市以移动信息技术为中心的创新组织结构中，合作和扁平化成为各方联系的主要特征。市政府对科技创新的具体发展路径并不提供直接的指导和规划，而更多担负一种服务功能，其活动领域突出地表现在地方教育政策和工业政策上。而教育网络和科研网络则与企业网络保持了紧密的联系。20 世纪 90 年代之前，一流大学的毕业生就已经频繁地被 ABB、爱立信等大型跨国公司雇佣，公司为毕业生提供了极具吸引力的国际化职业机会，并形成了强大的国际性商业网络。斯德哥尔摩市的高校—产业关系通过技术推动和市场拉动两种因素形成互动。二者以一种动态的方式交织在一起相互发生作用。

同属北欧的芬兰也在区域创新中采取多方互动的形式，政府在设立科技园区的同时，并不直接规定园区的具体发展方向和企业类型，而是注重科技成果转化为商品的过程，并在此过程中提供优秀的专业化服务。政府对科技园的管理更注重强化公益性孵化功能，而不以产值和利润作为主要追逐目标。这种注重“搭台”和产学研转化的定位使芬兰的区域创新能力在短时间内不断提高。从 1982 年至今，芬兰的因诺波利、泰科尼亚等 10 个科技园区共吸引了 1 000 余家高科技企业和研究机构，促进了信息通信等高新技术的产学研结合，使为数众多的业务概念成为现实，并推动了以诺基亚为代表的众多具备国际竞争力企业的脱颖而出，进而使芬兰国家的创新实力和经济竞争力得到迅速攀升。根据世界经济论坛《全球竞争力报告》，芬兰的经济竞争力 2002 年排名世界第二，2003—2005 年连续三年排名世界第一。

3. 创新环境驱动型的创新园区

以集中体现三区综合发展的高科技园区建设而言，此类区域的创新体系十分注重长时段的良性创新氛围培养，对于创新的基础因素有很强的塑造能力，从而使创新区域形成一种自下而上的推动和联动机制。在此类区域当中，声名显赫的美国“硅谷”无疑独执牛耳。目前，“硅谷”已经几乎成为“创新经济”的代名词，它具备了几乎所有地区创新网络的标志性要素：拥有一流大学（斯坦福大学），拥有高度集中的风险基金和风险管理，企业家精神，高技术移民，发达的中介组织和行业协会等。但是，更为重要的是，硅谷的创新网络之中，对于创新环境的塑造有其过人之处。美国著名学者萨克森宁指出，硅谷的文化中，鼓励冒险的创业精神、善待失败者的积极帮助和支持，以及区域内各行为主体之间令人吃惊的合作文化和精神构建了"合作与竞争的不寻常的混合体"。在这种创新氛围之中，非正式、快捷、相互信任的信息交流对于培育创新生态起到了重要的作用，同时也使得创意的形成更具时效性和效率。

当然，创新生态的软环境要素仍然要通过技术、知识的硬件支撑来发生作用。硅谷区域内的斯坦福大学、加州大学伯克利分校以及斯坦福工业园则很好地完成了硬件支撑的功能。大学不仅为中小企业提供重要的技术成果、高科技人才，而且帮助其培训和培养人才，以适应新的技术挑战。

在政府层面，与企业合作成为市政管理部门支持高科技产业持续发展的主导思想。例如，从 1993 年硅谷的圣克拉拉、圣何塞、米尔皮斯塔等主要城市开发并启用了一套智能许可证系统，使原本需要企业等待 3 个月的建设审批程序缩减到最短 15 分钟，直接为企业的竞争优势作出了贡献。同时，地方政府还对高新技术园区的空间、住房、交通甚至濒临灭绝物种等问题进行协调，着力与企业形成一种双赢的合作伙伴关系，从而在经常性沟通联络、联动创新文化以及社会创新网络方面营造积极的服务氛围，推动了整体联动创新在城市功能规划和空间规划上的落实。

从硅谷的发展经验上看，该地区在较长的发展过程中已经形成了以独特的地区创新文化、小企业集群模式、扁平网络组织结构等为核心的独特创新氛围。这种创新生态能够形成一种不依赖于外界直接推动的自发运转和循环机制，从而推动区域创新网络不断完善和前进。因此也形成具有自身特色的，不易被复制的核心竞争力。当前世界许多国家都试图依照"硅谷模式"进行移植和再造此类创新区域，但鲜有成功者，其主要原因就在于未能真正形成创新环境和创业文化，并使之成为带动创新联动发展的推动力量。

（二）"创新园区"的推进机制

通过对当前世界各国"三区联动"发展状况的分析，可以看出各国在区域创新体系的建设中，政府、高校和科研机构、企业三方的合作与互动模式各有特色，同时在创新园区的动力机制构成上有一些共同的特点。

1. 政府机构的角色定位

政府在三方互动中始终扮演着重要的角色。无论是政府主导型或是其他创新网络模式，政府始终对创新体系的构建保持着关注和参与的状态。尽管在政府的职能问题上学界与决策研究专家的观点仍然莫衷一是，但创新网络的良性发展需要政府部门的积极配合这点已经成为共识。

2. 企业与科研机构的紧密合作

企业与大学和科研机构保持密切联系成为区域创新体系良性发展的关键，这点在高科技园区的发展过程中显得尤为明显。大学和科研机构不仅为企业提供科技依托与智力来源，还越来越多地承担了劳动者的培养和培训职能。因此，在保证区域创新体系可持续发展的问题上，企业与大学和科研机构的密切配合成为成功的关键。

3. 多样化的创新金融机制

创新网络对于资金的需求量和风险承担能力要求很高，较为成功的创新区域一般都依托多样化的融资渠道，包括政府、大学的启动基金，种子基金，银行金融机构的贷款，除此以外，其他融资渠道还有公共基金、投资公司、保险公司等非银行金融机构的投资。

根据目前全球有较大影响力的科技园区的发展历程，选取欧美和新兴工业化经济的典型代表，就其代表国家一流创新竞争力的创新园区的特点与发展模式加以总结，可以看出：创新区域发展进程中三区联动的机制都得到了充分的体现，其中政府与公共部门的支持都发挥了积极作用，相关的支持方式与支持力度各异。园区与高校之间的合作关系在不同创新区域之间有较大差异，这与园区的产业定位与创新战略有密切关系(表 2-1)。

表 2-1　世界主要国家和地区领先创新区域的主要特点

区域名称	主　要　特　点
美国"硅谷"	世界第一个高科技园区，较完善地实现了"三区"间的互动生长，良好创新环境的塑造、长期发展的积累为其带来持续性成长。其成功模式成为世界各国创新区域三区联动发展的模板，但也极难复制
美国波士顿"128 公路"	美国政府全力扶持发展的高科技区域，拥有数以千计的研究机构和技术型企业，并与著名的麻省理工学院相连接，园区与政府之间依赖程度较深

续表

区域名称	主　要　特　点
英国科技园	目前已发展到50余个园区，与剑桥等著名高校有密切联系。园区内共有1 500多个公司，主要从事计算机、通讯和生物技术领域的开发研究，得到了英国政府支持创新政策的有效推动
日本筑波科学城	通过政府扶持发展而来，属于全新规划的创新区域，侧重基础研究，占地约29平方公里，拥有8个国家级研究与教育院所。全国大约30%的国家研究机构及其40%的研究人员聚集在此，国家研究机构全部预算的一半左右投资于此
德国巴伐利亚地区	德国最重要的高科技地区，集中了德国的信息通信技术企业，是世界上除了硅谷之外集中大型技术公司最多的地区。拥有德国著名的大学和科研城，被誉为世界第二大人才库。州政府通过虚拟市场等手段积极促进社会和企业对新技术的应用
法国索菲亚·安蒂波利斯高科技区	法国历史最悠久、发展最出色的高科技园区，以良好的环境、便利的交通和完善的基础设施著称，区域内高等教育与企业建立了密切联系，以多学科综合发展推动企业和学术的共同前进
中国台湾新竹科学工业园	由台湾地区政府规划建成，位于台湾岛西海岸，目前为台湾本土IC厂商的聚集地。区内以垂直分工的产业形态、互动的学习网络和大量公共机构的根植为特征。政府、行业协会共同发挥管理和协调功能，推进了网络型生产系统的构建和完善
印度班加罗尔市	印度高科技发展地区，被称为印度软件之都，吸引了国内外400多家著名信息技术企业。区域内利用风险投资产业与快速发展的信息技术产业构成网络，并充分运用印度的关系网，增加从硅谷等发达区域获得的利益 政府通过对教育体系的支持，培养以知识工人为核心的劳动力。但班加罗尔的公司间以及公司与高校等机构间仍然缺乏互动
瑞典斯德哥尔摩	以信息通信技术产业为核心的创新区域。政府主要承担服务功能，为高科技企业和科研机构的合作提供平台和辅助。在区域内，一流的企业家、学者和政治人物保持着紧密的网络联系，教育网络和企业网络共同扮演了区域发展的重要角色。合作和扁平化的组织结构成为区域网络的重要特征
韩国大德科技园	由韩国政府主导，将高科技产业集中在大德科研区及周边地区，聚集了70个研究机构和8所著名大学，成为韩国的“人才源头”。韩国政府提供资金、人才政策，税收优惠政策，专业服务体系等，为园区提供重要支撑。园区以光电、航天航空、生物医药等产业为核心

续表

区域名称	主 要 特 点
新加坡科学园	由新加坡政府根据本国实际情况建立,距离新加坡市中心8公里,拥有40余家公司,主要以生物科技、微电子学、机器人等为核心。新加坡政府正式成立两个国家机构,直接参与科学园的管理,对从事研究和开发的公司给予税收优惠,同时促进大学教育与科技发展的紧密配合
芬兰科技园	始建于1984年,园区十分注重科技成果转化为商品的过程,并在此过程中提供优秀的专业化服务。政府对科技园的管理更注重强化公益性孵化功能,而不以产值和利润作为主要追逐目标。科技园成为产学研结合并迅速将科研成果转换为生产力的基地和交汇点
爱尔兰"企业岛"	爱尔兰以软件产业带动形成国家规模的"企业岛"和创新网络,被誉为"欧洲高科技中心"。国外企业和跨国公司成为爱尔兰的软件产业主力,其区域创新网络的国际化程度很高,三方主体间的跨国联动成为重要特点。同时,支持企业发展的政治文化为爱尔兰提供了创新网络发展的良好制度环境、服务环境和财政环境

五、科技创新中心的理论研究——内涵、形态与要素构成

前文创新集群的理论分析为我们认识科技创新中心提供了基本分析框架,综合相关理论与创新城市发展的战略与规划研究成果,我们将对科技创新中心的形成与发展具有一个基本的概念与研究脉络。梳理相关研究成果,能帮助我们形成分析研究上海发展具有全球影响力的科技中心战略的切入点和分析框架。

(一) 科技创新中心的概念

2000年,美国《连线》杂志率先提出了全球技术创新中心(Global Hubs of Technological Innovation)的概念,认为构成全球技术创新中心的要素包括四个方面:地区高等院校和研究机构创造新技术和培训技术工人的能力、能带来专门知识的老牌公司和跨国公司的影响、创办新企业的积极性、获得风险资本以确保好点子成功进入市场的可能性(见表2-2)。2001年,联合国开发计划署(UNDP)在《人类发展报告2001》中公布了全球46个技术创新中心名单,评

定相关中心的依据基本上依照《连线》杂志提出的四项标准。

表 2-2　　创新中心相关概念的来源、核心要素与评估指标

概　念	倡议部门或机构	核心要素	核心评估指标(项目)
Global Hubs of Technological Innovation	《连线》杂志	● 创新动机 ● 创新资源 ● 创新载体 ● 创新环境	● 高校和科研机构 ● 知名公司和跨国公司 ● 创业意愿 ● 风险资本
Technology Growth Hubs	UNDP《人类发展报告》	同上	同上
World Innovation Cluster	麻省理工学院技术评论	● 风险投资 ● 顶级公司 ● 顶级高校 ● 高技术人才	—
World Knowledge Competitiveness	全球知识竞争力中心	● 人力资本 ● 金融资本 ● 知识资本 ● 地区经济产出 ● 知识可持续能力	● 人均私人股本投资 ● 五大高技术产业就业 ● 人均研发支出 ● 公共教育支出
Global Innovation City	2 Think Now	● 文化资产 ● 人力资本 ● 市场网络	● 科技创新能力 ● 科技成果产业化能力 ● 文化创意能力

(二)全球主要创新中心的发展形态

从学理上看,创新中心实际上是创新集群理论的现实映照,因而我们可以借助对创新集聚理论的梳理来总结创新中心的内涵。首先,纵观国际知名的创新中心,必然具有良好的创新环境,能够吸引并促进创新主体的不断集聚,从而形成创新集群。其次,随着各个创新集群的知识交流与整合活动的深化,知识溢出效应不断增强,创新活动得到进一步强化;最终,随着时空维度和经济技术维度上创新活动的集聚,创新中心最终成形。因此可以说,创新中心的形成恰是创新集群效应发挥作用的结果,而创新中心又能够进一步促进创新集群发挥显著的知识外溢效应。

这一研究得到了世界银行专家的认可,并在 2001 年《人类发展报告》中进一步深化提出了“技术成长中心”(Technology Growth Hubs)的概念,认为技

术成长中心就是将众多研究机构、创新型企业和风险投资集聚在一起的地方。

2002年起，英国罗伯特·哈金斯协会(Robert Huggins Associates)(现为知识竞争力中心)编制的全球知识竞争力指数排行榜(WKCI)聚焦于城市或以城市为中心的区域层次的"知识经济领先地区"(World Knowledge Competitiveness)。哈金斯将"知识竞争力"用于衡量将知识资本和人力资本转化为知识经济产出以及社会财富的能力，而将"知识竞争力领先地区"定义为创造新想法、新程序和新产品，并且将其转化为经济价值的能力领先的地区。

近年来，麻省理工学院用世界创新集群的概念(World Innovation Cluster)来描述硅谷、波士顿、伦敦、巴黎—萨克雷、以色列、北京、班加罗尔等创新企业、风险资本集聚的地区。

澳大利亚创新研究机构"2 Think Now"构建的全球创新城市(Global Innovation City)排行榜是目前为止覆盖面最广的城市创新能力考察报告。该报告对创新采用了一个广义的界定，把科技创新能力、科技成果产业化能力和文化创意能力都纳入了考察范围。认为影响城市创新能力的基本要素包括文化资产、人力基础及市场网络(分享创新的能力)，其评判标准包括文化资产、人力资本、市场网络三大领域。

国内学者黄鲁成(2004)提出了国际研发中心(R&D Hub)的概念，认为国际研发中心就是国际研发资源与活动的集聚区域。杜德斌(2005)提出了国际产业研发中心的概念，认为国际产业研发中心是跨国公司全球性、区域性研发机构集聚的城市或地区，因而成为世界新产品和新技术的创新源地。张仁开(2012)认为国际创新中心是一个全球新知识、新技术、新产品的发源地和产生中心。

(三) 科技创新中心的要素构成

学者通过对具有代表性的对全球科技创新中心的比较研究发现，全球科技创新中心的科技创新要素包括创新制度安排和完整的创新要素体系。其中创新制度安排包括产业创新生态、产学研结合、自由灵活的要素配置机制以及高度的国际化；完整的要素体系则包括人才、资金、技术、信息等高端要素集聚。中心城市更重要的特征就是国际性的创新中心。各中心城市面对全球化背景下的竞争，能否成为国际创新中心已经成为竞争焦点，因此，国际中心城市迫切需要有创新的战略思维。

开发创新功能是国际创新中心最重要的功能，该功能的体现一定是立足于智力、技术、人才、信息、资金以及社会支撑服务渠道等资源要素，而新兴市场经济体的科创中心城市很大程度上依托全球众多跨国公司以及本地创新企业发展的合力。

梳理全球成熟与崛起中的科技创新中心，我们将科技创新中心的构成要素分解为四大要素：技术要素、经济要素、物理空间要素、网络要素。

1. 技术要素(Technology Assets)

技术要素包括技术研发部门和技术传播扩展两个部分。

技术研发部门包括实验室、高校等科技原创部门。

技术传播扩展部门包括技术平台、创业企业。

2. 经济要素(Economic Assets)

经济要素包括驱动与支撑创新的企业、机构与组织等。这一要素可分为三类主体：创新驱动者、创新培育者以及社区便利设施。

(1) 创新驱动者。主要为以市场化为目标，开发前沿技术、产品、服务的研发机构、医疗机构、大企业、小微企业、创业企业与企业家等。由于区域的产业结构各有不同，因此不同创新城区的创新驱动者的组成情况也大不相同，从而形成了各自的特色。

(2) 创新培育者。主要是为创新个体、企业及其创意的发展提供支持的公司、组织以及相关群体。这些主体包括为创新性经济服务的孵化器、加速器、概念论证中心、技术交易平台、业务共享空间、地方高校、就业培训企业、提高专业技能的社区学院等。在部分创新城区，法律咨询机构、专利律师以及风险投资公司也投入创新领域的服务。高科技产业的快速发展创造了对于服务性产业的需求，从而带动了受高等教育者的就业机会。创新培育者的高度集聚也成为创新城区区别于传统商务区与研发园区的重要特征。

社区便利设施。即城市服务体系，为创新中心的居民与创业者提供重要的服务，包括城市对创新的专业性服务体系以及塑造创新环境的服务体系。

3. 物理空间要素(Physical Assets)

科技创新中心的物理空间要素包括三大类主体：公共领域的物理空间、私人领域的物理空间、连接创新城区与大都市区的物理空间。

(1) 公共领域物理空间。这是对公众开放的空间资源,如公园、广场、街道等具有活力的地方性空间。创新城区的公共空间经过重新规划创制,具有数字化的可通达性,即在空间内嵌入式配备高速互联网、无线局域网、计算机与数字播放设备等。其空间属性可归纳为"数字化空间",空间内融合了环境技术、数字系统与物理空间模式等。公共空间中的街道被灵活地转化为创新技术的实验场所。如在波士顿、巴塞罗那、埃因霍温、赫尔辛基、首尔等城市,街道与公共空间被用于测试新型街灯、废弃物收集、交通管理系统以及数字技术。

(2) 私人领域物理空间。这是指私人拥有的以新手段促进创新行为的建筑与空间。这些私人空间往往源于传统类型资产,如多阶层住房、社区服务零售店、研发与商务复合体等,经过重新设计改造以服务创新型人群。以商务楼宇为例,此类建筑往往针对初创企业规划提供更具弹性的工作空间、实验室空间以及更小的、成本可负担的区域。

(3) 连接创新城区与大都市区的物理空间。这是指一系列旨在消除区域间壁垒,增进区间联系与连通性的空间资源。对于部分创新城区而言,消除先进研发机构与城区其他区域之间的物理阻隔十分关键,相关手段包括建设自行车专用道、步行道、步行街以及具有活力的公共空间等。

4. 网络要素(Networking Assets)

网络要素的包容性是创新中心多方主体关注的重点,网络提升创新经济集群的价值与产出的能力已经得到各界的认可。从类别上看,网络要素主要分为"强连接"与"弱连接"两种,其判别的标准主要来自行为体之间的联系频度、相互之间的情感强度、互动行为的互惠度等。

(1) 强连接网络要素。这主要指推动强化相似领域的相互联系的要素。此类要素包括"技术常客"(Tech Regulars)、工作室以及专业科技人员的培训会、创新集群专业会议、产业会议与月度例会、地方企业与企业家的博客平台等。

(2) 弱连接网络要素。这主要指推动建立新兴的特别是跨领域的创新联系。其形式包括:网络早餐会、创新中心、跨产业的黑客马拉松、技术创业课程班,甚至包括为增强不同创新群体交流,在不同创新项目承载楼宇之间精心设计的公共空间。

第三章　全球主要科技创新中心的案例分析

根据不同的城市评估研究报告和相关排名，全球科技创新中心包括的城市(地区)名录存在差异，其中最有代表性的是美国沿海地区高开放度的大都市区，相关城市几乎包括在所有科技创新中心的排名中。除此以外，日本东京和新加坡等亚太地区的中心城市，是全球重要的科技创新中心。

通过对相关代表性城市(大区)经济发展阶段和促进科技创新竞争力战略举措的梳理，我们可以总结出科技要素集聚与辐射功能与产业升级之间相互作用的机理与影响因素。

一、科创人力资源空间集聚与创新转化服务并举——美国波士顿

美国是目前全世界科技创新中心较为集中的国家，多个城市是全球性与区域性科技创新中心，在东部和西部都有分布，创新中心的发展模式各有特点。无论是沿海的国际经济性城市，还是内陆大都市区，自从2008年经济危机后都加强了以提升制造业竞争力为导向的科技促进战略，构成美国“再工业化”战略非常重要的组成部分。根据美国国内地区性创新中心的发展格局，我们选择了三个大都市区，分别是波士顿大都市、密歇根州和芝加哥。波士顿是典型的贸易型城市，后者也是制造业发达同时贸易竞争力较强的城市。这三个城市都曾经历制造业的衰落，目前在集聚科技资源和产业创新竞争力方面较为领先，是美国在危机后推进“工业化再造”战略进程中表现突出的城市(地区)，正以新的模式和重点推进制造业的升级，促进实体产业的升级。

相关城市在创新促进战略推进中的共同点是以创新为导向推进先导产业激励政策、城区开发战略落地和环境再造，推动知识密集型产业的发展，相关做法对于我们认识大都市的高端制造业创新有很大启发。通过对三个创新中心的发展模式与路径的比较，我们得以看出创新中心形成与战略设计促进经济功能升级的模式，以及依托政府政策和城市综合功能规划的手段推动创新资源集聚和发展的路径。

（一）从贸易中心到科技创新中心的转型

波士顿城是美国东部最早进入工业化的城市之一，工业化进程是从贸易中心的建设开始的，波士顿在 19 世纪是美国最重要的港口，该城市功能发展的第一阶段是港口运输服务与商贸产业发展，作为美国最重要的贸易港，波士顿形成了发达的货物运输网络。在经历了从贸易城市向工业中心城市的转型后，波士顿依托多所大学集聚的创新外溢效应，在多个技术密集型的新兴产业领域取得了领先地位，成为美国最重要的科技创新城市之一。

阶段一，贸易港发展的港口城市阶段(18 世纪—19 世纪中期)：由于波士顿是美国距离欧洲最近的一个主要港口，因而它迅速发展了海外贸易。这个城市以货物贸易为经济增长动力，是当时美国与欧洲贸易最重要的港口，劳动力市场以从事港口贸易的商务从业者为主。到了 19 世纪末，随着纽约的港口贸易功能的发展，波士顿的贸易功能逐步萎缩。纽约等城市的贸易中心地位越来越凸显，向欧洲出口朗姆酒、鱼、食盐和烟草，成为当时世界上最富裕的国际商港之一。在 19 世纪初期，波士顿聚集着大量从事港口贸易的商人与劳动者，并作为海事和渔业人力资源的提供者，成为美国主要的贸易口岸和渔港。波士顿贸易中心功能在 19 世纪末期陷入衰落，城市的经济功能进入转型期。

阶段二，工业中心发展，从贸易中心转型为工业中心(19 世纪末至 20 世纪 80 年代)：19 世纪中叶，随着波士顿地区的移民输入和本地资本的发展，波士顿逐渐崛起成为工业城市。波士顿的制造业逐渐在重要性上压倒了国际贸易。此后直到 20 世纪初，波士顿仍然是美国最大的制造业中心之一。主导产业包括服装业、皮革制品业和机械工业等劳动密集型和资本密集型产业。城市的河道以及铁路网对于形成制造业的物流网络提供了良好的外部条件。由此它成为美国第四大制造业中心城市。

但随之而来的问题是城市劳动力价格与土地价格上升引发纺织、皮革、服装等制造业企业迁往美国南部等低成本地区，形成“空心化”，制造业开始进入衰退期，城市功能进入第二个转型阶段。

阶段三，科技中心发展(20 世纪末至今)：依托大学创新资源的科技竞争力，波士顿的金融驱动与创新驱动的结合是目前该科技中心持续发展的根本条件。由大学集聚而成的大学城在波士顿的卫星城。坎布里奇大学城与波士顿核心区之间相对独立。随着城市化的发展和整个大波士顿都市区的发展，今天两者已基本融为一体，坎布里奇担当整个大波士顿地区的中央智力区角色，提供高教、研发等服务；而波士顿中心城主要扮演中央商务区角色，提供各种高等级金融、商业零售服务。在城市驱动力意义上，今天大波士顿的城市空间已然呈现出双重心的格局，以及金融与创新双驱动的发展模式(图 3-1)。

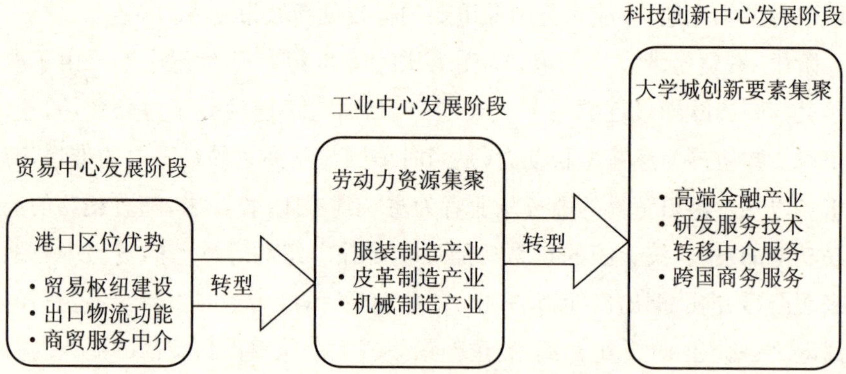

图 3-1　波士顿城市功能发展的主要阶段

在波士顿科技中心的形成与发育过程中，高等教育资源的聚集扮演着决定性的作用。波士顿所在的马萨诸塞州是美国高等院校最密集的地区之一，共有 120 余所大学。波士顿更是汇聚了哈佛大学、麻省理工学院等世界一流学府。该地区所拥有的得天独厚的智力资源成为波士顿 128 公路区高技术产业发展的强有力支撑。相关大学拥有的美国最好的电子工程系和众多高水平实验室在波士顿高技术产业的兴起与发展历程中发挥了不可替代的作用，为其培养了大量的人才，提供了最先进的技术支撑。

(二) 大学科研与创新孵化的融合发展

波士顿以麻省理工学院为代表的理工类大学享有“发明家大学”、“科学家工厂”等诸多美誉，自成立伊始，该校便以满足市场需求为导向，其科研具有较强的实用倾向。麻省理工学院长期以来与企业界密切合作，推进科研与产业发展的结合。

1. 由创新转向创业的发展理念

长期以来，波士顿当地大学的管理者积极推动大学学者将自身的创新成果推向市场(图 3-2)。创立技术公司被视为一种非常重要的技术转移，他们对此采取支持的态度。麻省理工学院允许教职员利用 20%的工作时间从事产业和商务咨询活动，许多研究人员利用麻省理工学院的研究成果，创建了自己的公司。该地区所拥有的得天独厚的智力资源成为波士顿“128 公路区”等高技术产业集群区发展的强有力支撑。

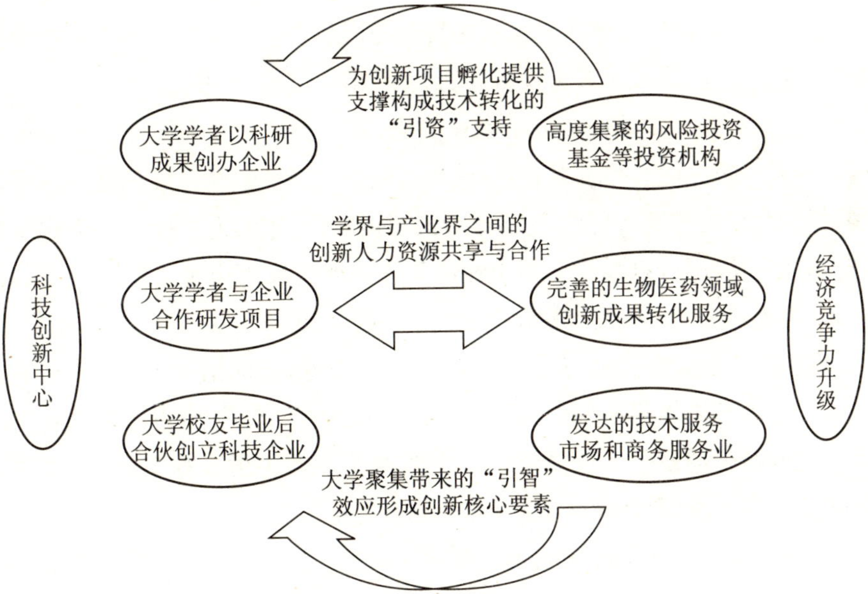

图 3-2　波士顿城市竞争力与科技创新中心之间的互动关系

2. 大学创新成果转化为企业动力

早在 19 世纪末 20 世纪初，自麻省理工学院衍生而出的公司就已经出现。

20世纪二三十年代，麻省理工学院成为电子工业创业浪潮的中心，衍生出许多企业。据统计，波士顿超过160家生命科学及相关技术的企业全部脱胎或得益于当地高校；麻省理工学院校友在本地创办了上千家企业，其中在电子行业雇员占全行业60%。地方服务业也通过间接服务于创新活动获得自身发展。高校为大波士顿担当着经济引擎的作用，每年引资达70亿美元（相当于每年举办一届奥运会的经济收益）；直接和间接创造8.5万个工作岗位；每年为劳动力市场新提供3.2万个毕业生；本地的高校每年平均获得264个专利、授权280个技术商标、创办41家企业。

3. 大学理论创新与产业应用的交互影响

当前大波士顿的产业形态是直接以坐落于坎布里奇的高校资源为根本基础的。坎布里奇市作为波士顿的“智力集聚区”，在前沿技术的理论创新和后续研发项目都成为全美国产业创新资本最为关注的对象。波士顿当地和其他地区的创投基金始终向这个地区的学者创新团队和新兴企业寻求创新孵化的项目。相关大学的科研项目通过研发成果转化深度融入波士顿的产业发展中。大学的科研团队在波士顿的成果转化与人员自主创业而形成关联企业的数量在全美领先，形成了波士顿特有的大学“衍生”企业的模式。

而坎布里奇大学城也形成了创业文化，相关大学学者和毕业生与企业的合作，以及校友之间合作创办企业，成为当地新兴行业发展持续的动力。在以生物医药为代表的新兴行业内，来自大学的创新人才成为主体。波士顿的创新产出在全美领先，以大波士顿为经济重心的麻省成为全美人均专利第一位（每10万人3.32个）和人均创办企业数第三位的州。

麻省理工学院在本地的关联企业超过1 000家，全球销售额为530亿美元（占麻省企业总销售额的7%），直接创造当地就业12.5万个（占麻省总就业的5%），还间接带动就业12.5万个。正是在这样的智力源支撑下，大波士顿自20世纪90年代起成功转型为全美重要的智慧都市。

4. 风险投资公司服务于创新融资

风险投资在波士顿的高技术产业发展进程中也发挥了举足轻重的作用。事实上，美国第一家主要的风险投资公司正是诞生于波士顿。在美国进步政策研究所大都市区创新指数排名中，波士顿的风险资本得分名列第四。波士顿地区大约有40余家专门从事高技术风险投资的公司，100多名专门投向初创科技企业的天使投资人，超过 10 个天使投资联盟。在麻省 2 000 多家软件企业中，有 32%的企业有风险资金注入①。正是在风险投资推动下，波士顿的科技成果转化率、中小科技企业成长速度都遥遥领先于美国其他城市。风险资本的投入为高技术企业的创业提供了极为有利的条件，在波士顿高技术产业的发展热潮中发挥了重要的作用。

由于风险投资等金融产业在波士顿的快速发展，作为波士顿的传统支柱产业，金融业每年提供 18 万个就业岗位，385 亿美元 GDP。大波士顿商会提出的 2015 年愿景(A Vision for 2015)中提到，要基于世界级的大学、领先的企业和产业来达到技术领先地位，成为世界知名的金融创新枢纽，成为金融界的“全球性人才中心和创新中心”。

(三) 以大学城为载体的城市中央智力区

波士顿的大学城为坎布里奇市(Cambridge)。坎布里奇在初期是以一个独立卫星城市目标来规划建设的。但随着城市化的发展和坎布里奇高校对于整个大波士顿都市区的影响逐步扩大，今天波士顿中心城与坎布里奇市已基本融为一体。

1. 城市功能的协同

在空间上两市内部构成一个共同的城市公交系统，外部共享一套共同的海陆空交通系统；在城市功能上，坎布里奇提供高教、研发等服务，是大波士顿地区最重要的中央智力区(作为一项佐证，坎布里奇的房价在 1980—2000 年 20 年间上涨 549%，是美国 541 个统计城市中最高的)，而波士顿中心城则主要扮演中央商务区角色，提供各种高等级金融、商业零售服务；在城市驱动力上已然呈现出双重心和双驱动的格局。在咨询机构 2 Think now 发布的 2011 年全球 100 个最具创新力的城市中，波士顿名列榜首。

坎布里奇市作为大波士顿的中央智力区，其本身的产业结构、社会构造、文化生态、公共治理、空间规划等诸方面，全部围绕创新而展开。波士顿作为美国乃至全球最具代表性的科技创新中心，其核心特点表现为：创新资源直接构成产业结构调整的驱动力。高等教育产业是坎布里奇最大的产业，其中哈

① 韩宇、李素英：《波士顿产业转型研究》，《城市问题》2008 年第 10 期。

佛和麻省理工学院分别成为波士顿第一、第二大雇主；高校科研成果转化应用是城市新兴产业的主要催生方式。波士顿超过160家生命科学及相关技术企业全部脱胎或得益于当地高校；麻省理工学院校友在当地创办了上千家企业。地方服务业也通过间接服务于创新活动获得自身发展，比如地方银行直接提供创业天使基金，或通过为创业者和关键岗位人才提供当地住房按揭而间接支持创新。金融业是波士顿的传统支柱产业，每年提供18万个就业岗位，385亿美元GDP。生物技术产业是波士顿最为重要的新兴支柱产业，2010年就业岗位达15万个；根据麻省生物科技理事会委托波士顿顾问公司撰写的《麻省生物科技2010》报告，特别呼吁官、产、学多方合作投资于科学教学，为生物技术产业培养人才。

2. 依托大学城全面改造都市区社会构造

超过七成的坎布里奇成年市民受过高等教育，大量的高校相关人士（教职工、学生、访问学者、毕业生、服务于高校的当地人士）都以哈佛广场和麻省理工学院的Kandell广场为轴心，放射状地散布居住在各个社区中，构成名副其实的大学城。且创新人群的居住和工作地还持续向周边社区扩散，比如2008年统计有超过4万名哈佛校友生活在波士顿市的75英里交通圈内。

3. 以知识基因重塑城市文化生态

坎布里奇拥有大波士顿都市区密度最高的文化设施。三大图书馆系统（哈佛图书馆、麻省理工学院图书馆和坎布里奇市立图书馆）共有20余个图书馆；另有十几家博物馆、收藏室和画廊（包括世界级的哈佛大学Peabody博物馆）、一大批科学人文出版社和杂志社（哈佛出版社、麻省理工学院出版社以及坎布里奇科学文摘社）、一大批权威的科学人文社团（美国艺术与科学院、国际天文联合会）；每年有大量学术论坛会议在校园内外召开，大学和地方社区还合作举办一系列节庆活动（如坎布里奇科学节、Art First艺术节）。

哈佛广场和Kandell广场是城市创新文化生态的典型案例。其中哈佛广场是国际性的旅游和访问目的地，大波士顿的市级文化中心、区级（坎布里奇）购物中心，拥有约90万平方英尺的零售空间。21家书店报亭（最早的哈佛合作社书店建于1882年）、30家表演娱乐所机构、大量餐饮场所吸引每年游客量为800万人次。Kandell广场是坎布里奇研发项目市场化的运作中心，也是大波士顿的市级创新中心，经过30年建设已经转型为一个技术广场，拥有坎布里奇中心、技术广场、坎布里奇研究园等研发地标。

4. 培育校区与社区联动的公共治理模式

坎布里奇市政当局和当地社团(包括社区自治组织和商会等)同高校都保持经常性沟通。沟通方式包括高校校长或教授进入社区社团介绍高校发展情况;社团商会支持联邦科研经费投入当地高校;当地社团通过委托第三方全面分析高校对当地经济发展与就业增长的贡献。

哈佛 Allston 新校区开发是一个公共治理方面的典型案例。哈佛在早期通过匿名收购方式,以较低成本获得坎布里奇 Allston 地区土地,但在项目公开后即受到当地社区的批评,认为其以隐秘的手段掩盖校区扩展的企图,是对当地社区的"不尊重和侵略"。为此,哈佛在进入新校区开发期之后,十分重视与当地社区沟通,具体通过专门设立开发网站、参与社区会议、发布规划方案、介绍校区发展的经济社会溢出效应、支持当地社区活动等工作,获得居民对于学校拓展的理解和支持。

5. 空间规划响应和引导创新活动

坎布里奇市政当局积极配合高校的发展。为进一步放大 Kandell 广场作为研发项目商业化运作中心的效应,坎布里奇在 2007 年通过调整城市规划与土地用途,引导 Kandell 广场工业厂房改建,新开辟 180 万平方英尺的研发空间。坎布里奇在 20 世纪 90 年代还接受了哈佛 Allston 新校区的扩展。在哈佛大学建设"科学中心"(2.7 万平方米实验室空间)期间,为保证师生在科学中心和教学区、生活区之间方便、安全地通行,同时为合理组织交通,坎布里奇市政当局配合哈佛大学将该地段的坎布里奇大街改为地下通道。所有这些都体现了空间规划、市政建设响应和引导创新活动的实践案例。

二、开放功能服务战略性新兴产业集群——美国密歇根州

美国密歇根州不同于波士顿,当地知名大学数量不多,高校的科技创新资源相对有限。该地区是 2008 年全球经济危机期间美国失业率最高的几个地区之一,经历了较大程度的经济下滑。此后,当地的决策部门着眼于高端制造

业积极推进制造业升级，加大创新投入。密歇根州目前已经成为创新竞争力提升较快的代表地区。其创新战略的主要抓手包括两个方面：一个方面是选择性的外资项目引入，另一方面则是“城市创新区”的建设。

（一）利用外资战略对接先导制造业促进战略

密歇根州对外商直接投资（FDI）依存度相比其他地区高，外资项目所提供的制造业就业数量高于美国平均水平。密歇根州认为，需要制定一项清晰的、有说服力的战略以吸引国际投资，强化该州制造业集群的实力以及不同集群之间的联系。该州首先对 FDI 的来源和发展信息进行综合分析与整合。相关的调查还包括年度的国际吸引力分析，包括对于各县、各部门吸引外商直接投资的能力与原因的深入分析，并对进入该州的外商直接投资的来源国以及投向领域进行跟踪。上述信息的确定有助于明确州对 FDI 吸引力的重点，并提供了长时段的延续性决策依据。同时，密歇根州将为 FDI 争取联邦项目与区域经济发展项目等多层面的支持。所有的相关组织都可以成为战略的制定成员，以协调、支持以及增强相关主体的行动效能。

（二）以创新空间的升级吸引创新要素的集聚

密歇根州在 2008 年经济危机后提出的建设“城市创新区”的战略定位指向创新要素与空间、社会、经济要素的融合发展，旨在构建一种有利于创新的“复合型”环境。“城市创新区”的功能目标除了吸引创新人才、创新机构之外，更加注重综合的创新环境建设。

与 19 世纪的工业区以及 20 世纪的科技研发园区不同，创新区更重视物理环境（基础设施、城市设计、建筑）与社区软环境（可承受房价、社会活动、文化机构、大事件）的作用，以创造一个创新、合作以及企业发展要素相互渗透的共同区域。这一综合的区域环境能够鼓励新企业的创建，推动形成“创新区”内企业、研发机构、区域性中介以及其他组织之间的新联动。

密歇根州的“创新区”与传统的工业园区相比，其进步之处体现为如下三个方面：首先，有意识地建立提升创新、合作的社区空间。创新区的发展战略着力于物理空间维度上，要营造一个住房、商业空间、研发机构之间良性混合的空间布局，以此促进各类创新主体的合作。其次，增加创新区域内的交流密度，“创新区”的步行空间、便利的交通、IT 基础设施、建筑，以及绿色空间等，将在很大程度上提升宜居性，使民众和企业更为靠近，促进两方面在创新过程中形成伙伴关系，并且推动企业更高效地落户创新区。再次，在产业规划上，创新区通过促进集群的举措，鼓励创新型企业集群发展。此外，以孵化器服务、创业竞争项目、采购策略，以及其他各种措施支持创业活动。在社区层面，创新区将提供面向各收入水平人群的可承受的住房选择，具有吸引力的社会文化活动，从而为居民的居住、就业和娱乐创造良好的环境。

三、大都市型制造业的升级——美国芝加哥

制造业长期以来是芝加哥区域经济的基石。即便在全球要素流动的时代，制造业依然是区域经济健康发展的关键。芝加哥大都市区的制造业集群就业人数为 58 万人，是美国第二大制造业就业人群。制造业的年均产值达到 650 亿美元，也是区域经济的第二大组成部分。芝加哥制造业岗位的收入与产出比区域所有行业的平均值高出 27%，为区域高质量的生活水平做出了贡献。2010 年，芝加哥近 2/3 的出口货物为制造业产品，为全美最高比例。芝加哥在过去 10 年也经历了制造业就业人口的下降，但是相伴随的是制造业区域创新网络的升级。相关战略推动了大都市区制造业行业结构重组，制造效率和人力资源水平都持续提高，成为区域科技创新中心的范例。

（一）制造业内涵式发展引领创新

21 世纪的前 10 年，芝加哥的制造业就业率下降了 1/3，这与美国其他工业中心的情况相似。但另一方面，芝加哥制造业集群的生产效率却大为提高，这是先进技术应用与高附加值产品生产两者间共同作用的结果。芝加哥大都市区集聚了一批制造企业，他们的优势在于先进技术、先进方法以及先进产品的制造能力。由于产业结构持续向高科技产品制造转变，目前，芝加哥区域制造业者已经进入“高产出—少用工”的发展阶段。芝加哥的创新战略包括提升经济创新能力、基础设施条件以及高技能就业三大目标（图 3-3），而具体举措包括政府公共项目以及政府私营部门合作项目的投入。

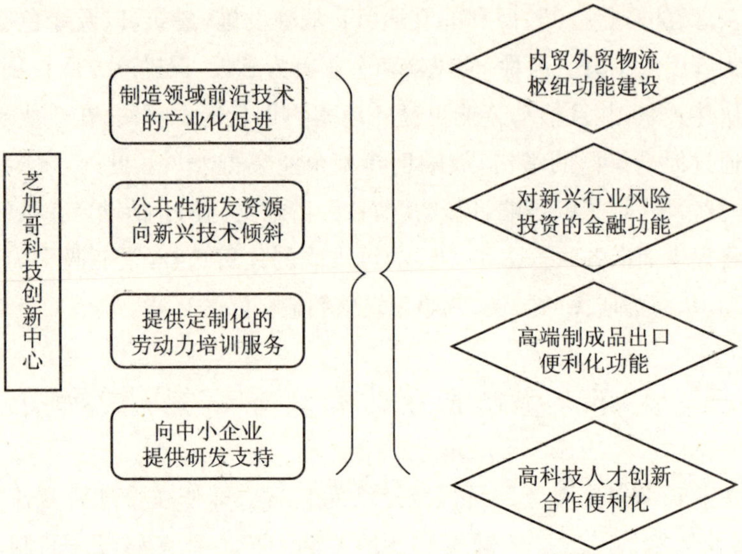

图 3-3　芝加哥科技创新中心发展的战略目标及其与城市功能的联动

芝加哥大区作为美国最重要的制造业基地，一直持续地对制造业就业和制造技术创新予以重视。虽然没有像波士顿这样的大学资源，但是区内的国家实验室发挥了重要的制造前沿技术开发的作用。该实验室采取开放模式，积极吸引海外的科技人员，推进跨国合作项目，在纳米技术、生物健康产业技术等若干个行业保持了技术领先。

芝加哥的 CMAP 通过对全美、各州以及区域先进制造业发展状况的评估，提出了“3P 方法”的评估体系，即产品(Product)、过程(Progress)与人力(People)。它成为芝加哥大都市中长期制造业推进战略的核心理念。根据该理念对制造创新技术的评估成为指导制造业创新投入下项目制订和资助的重要依据。

“产品”的内涵：先进制造业生产的产品是复杂、新颖且难以复制的。“过程”的内涵：先进制造过程（不计最终产品）需要不断改进以达到更高效率以及更低成本。“人力”的内涵：先进制造业工人拥有特殊技能，能够使其产品与进程的商业效应充分发挥。

(二) 新产品创新与创新网络发展的交互

根据近年来 CMAP 的规划，芝加哥制造业创新战略的重点除了制造业重点行业科技突破之外，还覆盖了创新网络的建设，对于创新主体之间的合作领域包括：

(1) 发展纳米科技等新兴制造技术的开发能力，以获取新一代制造程序与先进产品。生化制造、纳米技术以及添加制造等新兴技术将极大地提升现有先进制造业的产品线，并开辟新的市场。在这些领域强化专业性能力将扭转芝加哥在私人部门研发方面相较其他区域的劣势，同时也将使区域在全球经济中取得竞争优势。

(2) 在区域的基础研发资源与私人市场之间建立联系，以提升技术的产业化水平。为使芝加哥成为新制造业技术的引领者，该大都市区着力使既有公共性研发资源向技术倾斜。芝加哥拥有其他区域所缺乏的大学与国家实验室体系。区域内有西北大学、芝加哥大学、伊利诺伊大学芝加哥分校、伊利诺伊技术研究所以及其他世界级高校。这些机构都能够为制造业能力的发展提供重要动力。同时，芝加哥还拥有两所联邦研究机构，即著名的费米实验室和阿格尼国家实验室，这些实验室能吸引全球最顶尖的人才。区域的创新策略将重点放在上述研究机构科研成果的商业化运用方面。

(3) 注重、强化公共研发机构与私人部门之间的合作，这也是推进新技术产业化的重要条件。尽管对高校与实验室的基础研究进行投资会带来显而易见的经济收益，但更需要对于产业化加以关注以提升其市场价值。当产业化前景明晰之时，私人部门也将对研发产生巨大投资冲动。

(4) 为最具有创新能力的制造业者提供早期融资机会。即便最有前景的技术也需要风险资本的投入，而区域的金融部门尽管与制造业部门保持着紧密的互动，但其主要的目标仍是提升现有企业的规模。大都市区帮助创新型制造业企业获得更多的融资，进而使新创意能够更快、更多地转化为产品。

(5) 为中小企业主提供研发支持，以更好地提升集群主体成员与创新生态系统之间的联系。促进区域中小企业与区域体系的结构优化，对于建设制造业集群的研发基础有重要的作用。小企业往往资源有限，在面对制造业创新技术时力不从心。芝加哥大都市区 84%的制造业企业雇员少于 50 人，研发资源易被几家大企业所垄断。区域采取措施，通过促进中小企业应用先进制造技术以提升创新水平。

(6) 扩大产业、教育者以及培训部门之间的联系。相关规划旨在提升科学、技术、工程与数学人才培养，以满足产业对劳动力技能发展的要求。规划侧重于提高科学、技术、工程与数学课程的质量，同时将企业的需求加入到课程规划当中去。如芝加哥城市学院就以先进制造业行业需求为指向，设立了专业化的培训课程。

四、高度专业化的都市制造业集聚——日本东京

东京在日本整体经济势力崛起中一举成为亚洲经济中心及世界经济体系中具有重要地位与作用的核心城市。

（一）应对技术变迁与城市环境变化的制造业转型

日本从明治维新后开始大力发展制造业，至 1919 年，其工业化初期阶段完成，制造业产值超过农业。1955 年，第二次世界大战后的日本开始重振经济，东京制造业的发展保持着类似的发展路径。20 世纪 60 年代，东京的制造业从之前的上升趋势转为下降，并最终趋于稳定：东京制造业占日本制造业总体份额，从 20 世纪 60 年代的 15%下降至 2000 年的 6%左右。

20 世纪 70 年代以来东京的制造业集中的部门包括：出版印刷、电器机械、运输机械、食品及一般机械。其中出版印刷业及电气机械业为甚。这两个行业的销售总额在 90 年代后就超过了东京制造业销售总额的 1/2。另外，东京制造业中也以中小企业最为活跃。据统计，2005 年东京地区就业人口在 30 人以下的中小企业数为 19 596 家，占企业总数的 91.8%。与此同时，东京制造业企业的占地面积也有小型化的趋势。2001—2005 年，东京的制造业在从业人数减少，工业用地面积减少的情况下，企业数却有着增加的趋势。

东京也拥有大量的制造业企业总部。2010 年在日本的 33 家以制造业为主导产业的世界五百强中，有 24 家总部位于东京。而其中，又主要以石油加工、交通运输设备制造、电气机械及器材制造业，以及影像器材或办公设备制造等行业为主。

日本在第二次世界大战后开始进入工业化恢复发展进程，通过大量技术引进和学习持续提升工业竞争力。但 1970 年后，日本经济发展的环境发生了巨大变化。能源危机、汇率变化（日元大幅升值）以及国内生产成本的上升、环境污染等

问题相继产生，国内外发展环境的重大变化也直接影响工业发展条件，引发产业结构转型以及制造业内部结构的调整。日本的工业化进程可以分为三个阶段：

第一阶段（20 世纪初—20 世纪 60 年代）：传统重化工业呈现规模扩大的发展形态，制造业占比持续提高，最高达到 60％以上。

第二阶段（20 世纪 70 年代—21 世纪初期）：随着服务业的发展，制造业内部结构发生调整，原材料类型的制造业比重不断下降，加工类制造业比重相对提高。受日元升值的影响，重化工业大量向海外转移；本土制造业呈现“服务化”态势。而且产业组织形态呈现集约化发展格局，中小企业竞争活跃。

第三阶段是 21 世纪以来至今，本土跨国公司的发展在产业结构上更为集中，石油加工、交通运输设备制造、电气机械及器材制造业成为重点领域（图 3-4）。

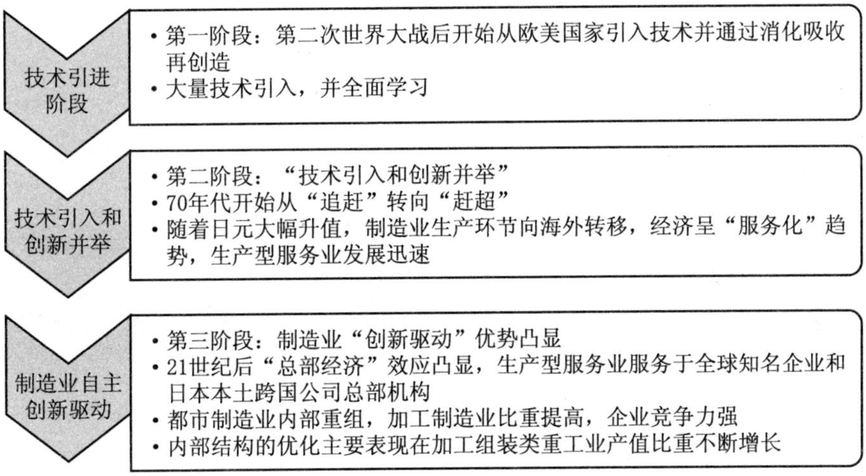

图 3-4　日本工业化发展进程的主要阶段

资料来源：叶芊、吴维佳的《北京与世界城市的制造业发展》，《北京城市规划》2012 年第 7 期，经作者整理。

东京作为日本的首都，是日本的工业化进程的缩影，与其他所有发达经济体类似，东京也开始在 20 世纪 70 年代进入工业相对萎缩和服务业兴起的产业结构转型期。21 世纪以来，伴随着土地价格的上涨和商务成本的提高，东京的都市型制造业在行业属性和组织形态上都经历了调整，以精密仪器加工制造为代表的都市型制造业成为东京维持制造业竞争力的支撑，业内的诸多中小企业在产品上具有国际竞争力。东京的制造业发展阶段可以分成三个阶段：

第一阶段:都市制造业发展的初级阶段。东京在 20 世纪 30 年代后期,工业开始向东京西部、川崎市转移,如横河电机、日本无线、东芝、富士通、日本电气等大企业和工厂。产业集聚和扩散主要集中于较小的区域范围内。

第二阶段:城市规模扩张和人口集中的时期。这一时期企业的管理中枢和服务功能,以及出版印刷等都市型产业逐渐向城市中心部集聚;与此同时,人口以及大量生产型工业企业则反向朝郊外转移。城市的土地价格上升、工业用地受限、道路交通拥堵、劳动力不足等因素显现,加之周边地区大规模工业园区的建设等原因,工业进一步向比较远的郊区转移,如神奈川县、琦玉县等周边地区。这一趋势导致了 70 年代以来,东京制造业的企业数、从业人员数的持续下降,而周边地区制造业迎来了一个发展的最佳时机。

第三阶段:全球化城市形成阶段。东京产业布局的视点开始面向全球。由于制造业积极参与国际之间的分工合作,服务业的全球化也就成为一种必然的趋势。

(二) 都市型制造新业态引领增长

与纽约、巴黎等国际化大都市相比,东京政府在推动城市发展中的作用是不可轻视的,影响也是长远的。从 20 世纪 60 年代后期开始,日本相继出台了三大都市圈(首都城市圈、近郊城市圈和中部城市圈)发展规划,并每十年左右修订一次,到现在前后已经进行过 5 次规划修订。同时期的政府主导的产业推进战略,日本推出了“国民收入倍增计划”,该计划在规划经济增长数量与质量的同时,以产业高级化为助推动力,以加强教育培训与人力资本投资为产业高级化提供必要的人才储备。它是以区域协调均衡发展为主要内容的政策体系。其在实施后的第七年就实现了国民收入增长一倍的目标。东京作为日本经济最重要的集聚区,在 60—70 年代面临生产成本上升、环境污染等问题,于是以组织方式的转型和先导行业的重点突破寻求制造优势的升级。主要表现为以小规模和“高精尖”模式的都市型制造业为主,形成一批专攻精密加工的制造业企业集聚在东京都和周边卫星城,成为东京经济增长非常重要的来源,而核心区的技术中介服务、商务和金融服务及教育行业则与相关制造业的创新要素培育、技术转化等形成了良好的产业融合态势。

东京都市圈内的制造业行业覆盖广,有汽车、电器、精密器械、高级配件、生产器械等制造业，还包括石油精制业、印刷业、医药品制剂制造、无线电信机械器具制造、高炉制铁业等，此外还有电子部件制造，半导体装置制造，及以石油化学为基础的产品制造，工业用塑料制品制造等。相关行业的企业都呈现较高的研发投入，与技术服务机构和金融机构有非常紧密的合作。2007 年日本产业省对首都圈制造业企业经营情况进行调查，结果表明：在过去 10 年中有 56.2%的企业有新技术和产品开发，且有成果实现。

(三) 中小企业的"轻型制造业"日趋活跃

在东京制造业中，过去 30 年制造业领域内的产业组织形态呈现为企业规模的缩小，即企业结构偏向于中小企业为主。大量中小企业的集聚反映出东京制造业产业内部分工的细化和专业化进程。在东京拥有 300 人以上的企业不足 0.2%；80%的制造业企业的从业人数不足 10 人；其中，1～3 人的企业为 36.7%，4～9 人的企业是 36.5%。中小企业的生产经营注重产品的专业化，在高专业性的若干产品上持续创新，形成非常强的竞争力。大量小微规模的企业在精密制造加工领域的特定产品生产上具有国际竞争力，"小企业"+"高专业性"形成了东京产业国际竞争力发展的重要模式。

东京区域中小企业的高度集聚是企业适应东京超高商务成本环境、谋求存活发展的特殊选择。相关行业包括印刷出版、服装服饰、小型电子信息产品、传统工艺等，这些都市型制造业污染少、占地少、附加值高，具有广泛吸收就业、满足现代城市功能的特点，并对信息、创意等方面的服务有较高的要求。

大量中小企业在行业内某一项专业技术上的创新竞争力非常强，在出口市场上具有国际领先地位。这些企业出口批量小但有国际领先地位的"高精尖"产品，形成了亚太地区电子和通讯制造业重要的元器件和设备供应链。

(四) 企业间创新合作关系紧密

东京制造业中小企业竞争力的核心可以总结为：技术水平、产品质量和多品种小批量生产体制①。大企业在新技术上不断创新，中小企业则在一些比较

---

① 根据[日]商工中金调查部："中小企業の競争力に関する調査(2004 年 8 月调查)"，"情報メモNO"，2004 年 11 月 10 日。

具体的技术上精益求精。中小企业只有跟上大企业的创新步伐,才能拿到大企业的订单,维持其在大企业系列中的地位。制造业的这种创新分工,保证了日本企业整体技术的提高。

近几年,中小企业走“只求第一”的发展道路,形成了许多产品市场占有率占国内第一乃至世界第一的“小巨人”,如位于东京都八王子市的FABER股份公司,员工仅有9名,产品线很有限,但是专业化程度非常高,竞争力在全球领先。

在企业拥有的专业技能或制作技术方面,大企业表现为“制作技术”,而中小企业在“切削加工”、“金属加工”等加工技能方面表现则较明显。在上述调查中有65.3%的企业在生产经营中进行产品研发,企业视创新为企业生存与发展的重要环节,是最重要的生产经营活动。正是由于企业坚持不懈地增加生产的技术含量,为东京首都圈制造业的高附加值产出创造了基础,也为东京的制造业在日本国内经济发展中的地位提供了保证。

这些企业在价值链上下游环节上的研发合作非常密切,在研发和技术应用上的交流超越了商业关系。紧密的交流带来巨大的技术扩散效用。在企业集团内部,整机厂商与零部件厂商之间、母公司与子公司之间不仅有设备制造的发包与承包关系,双方甚至还经常展开联合研发,而这种设备制造的发包与承包以及联合研发有时并没有正式的合同来进行严格的约束。技术就在这种长期的企业间联合研发中迅速扩散。

日本早在1885年就模仿欧美国家建立了专利制度,到1902年,日本生效的专利就已超过2 000件,其中45%的专利集中在机械行业①。这不仅为日本早期经济起飞和技术创新提供了良好的环境,也为第二次世界大战后大量引进技术提供了制度保障。

在1980年以前,日本专利申请量增长率基本上与经济增长率相当,但1980年以后专利申请量增长率超过了经济增长率并一直持续至今。

日本政府引导和保护创新的政策包括两个方面:一方面是大力度的战略性产业激励政策,日本经济产业省(原通商产业省)根据各个阶段国民经济的需求,推行一系列的重点产业扶持政策。这些政策包括:(1)制定扶持政策,引

① [日]後藤晃:《イノベーションと日本経済》,《岩波書店》2000年版,第62页。

导发展方向(虽然有时并不成功),如 20 世纪 50 年代扶持钢铁产业,60 年代—70 年代扶持汽车产业和石油化工产业,80 年代扶持计算机产业和飞机制造产业;(2)研发经费的资助;(3)技术引进的审批,防止重复引进,节约外汇;(4)组织重大的联合科研攻关。

(五) 本国优先为导向的技术普及

政府对本土“自主创新”市场环境的主动干预是通过对市场的干预,改善本国企业创新环境。日本通产省对于行业内重大技术创新,曾经采取“本国优先”的竞争干预手段,通过“阻碍”外资企业竞争的方式,为本土产业的创新启动创造有利条件。例如,1956 年 IBM 在日本的子公司——日本 IBM 向通产省提出在日本生产电子计算机的申请,但通产省迟迟不予批准,目的是为国内厂家研发计算机争取时间,直至 1960 年通产省在 IBM 答应向日本厂家以低价出售计算机专利的情况下才批准其在日本生产①。

五、开放枢纽与制造业结构转型并进——新加坡

新加坡是一个面积只有 630 平方公里,人口 400 多万的小岛国。从 1959 年自治到现在也只有短短 50 年历史,但它已从昔日的小渔村、贸易站和海军基地发展成为一个繁荣的城市国家,现已成为世界第一大货运码头、第二大电子中心、第三大炼油中心和第三大外汇交易市场。2007 年,新加坡 GDP 达到 1 732 亿美元,人均产值为 34 150 美元,超过日本人均水平。在世界经济体中人均产值水平名列第 15 位。根据 2008 年瑞士诺桑国际管理学院发布的国家竞争力报告,新加坡的排名居世界第二。在创新城市排名中,新加坡始终名列前茅,新加坡的经济中心地位除了来自亚太贸易港口建设外,也与其主动定位重点产业发展的战略密切相关。从某种程度上说,新加坡的经济奇迹是建立在产业结构不断优化和升级的基础上的。

(一) 产业结构转型的发展阶段

新加坡的产业结构变迁从 20 世纪 60 年代至今经历了四个阶段。

---

① [日]来生新:《産業経済法》,ぎょうせい1996 年版,第 357—360 页。

第一阶段,劳动密集型产业的出口导向战略(1960 年代)。1967 年,新加坡政府提出实施出口导向战略。无论是进口替代还是出口导向,这一时期重点发展的产业均主要集中在劳动密集型领域,主要的产业有食品、印刷品、服装和纺织品、加工木材、软饮料、砖土陶瓷、玩具、玻璃、电子零部件等。这一时期,新加坡制造业占国内生产总值的比例由 1959 年的 8.63%上升至 1967 年的 16.27%,再到 1973 年的 30%左右;失业率也从最初的高于 10%下降到 1972 年的 4.7%。

第二阶段,资本密集型产业阶段(1973—1980 年)。进入 70 年代后的新加坡经历了先导产业的机构变迁:一方面,随着制造业的快速发展和较为充分的就业劳动力供给日益短缺;另一方面,劳动力工资上升较快,1973 年工资增长率为 9.7%, 1974 年为 17.7%, 1975 年为 13.8%。这一时期,劳动密集型产业的发展优势不再,新加坡开始重视发展资本密集型产业,以应对经济转型的挑战。该时期重点发展的产业有炼油业、石油勘探设备制造业、船舶制造业、房地产业、电器制造业、精密工程制造业等。以炼油业为例,到 70 年代末,新加坡炼油业占制造业总产值超过 30%,已成为全球三大炼油中心之一。另外,以制造业为引领,贸易、金融、交通、旅游等服务业也随之发展。这一时期,在资本密集型产业的带动下,新加坡的产业顺利实现了转型与升级。

第三阶段,技术密集型产业阶段(1980—1997 年)。经过前两阶段的积累,新加坡经济基础逐步稳固,基本实现全民就业,与此同时也出现了经济结构不合理、劳动力紧缺等问题。另外,信息技术革命开始在全球范围内兴起。对此,新加坡政府强调发展高附加值产业和技术密集型产业,要逐步进入资讯网络社会,建立起软件发展中心和电脑制造中心,使新加坡成为东南亚未来的硅谷。政府采取了多种举措,如实行工资增加政策,增加企业成本,迫使企业向高附加值技术密集型产业改进;对技术水平较低的外籍工人征收"客工税",抑制低技术和劳动密集型工业;加强技术培训,建立技能发展中心,改革教育制度,提升人力资源素质;采取税收优惠政策,鼓励向技术密集型产业投资等。到 1985 年,已经有超过 150 家的跨国公司在新加坡从事电子产品及电脑配件的生产。其中,硬盘驱动器产量约占世界总产量的一半。其他一些制造业,如印刷电路板、金属冲压、压铸、精密机械加工行业也获得了带动发展。同时,新加坡政府也鼓励和引导本地企业向外投资。如 1994 年在苏州成立中新合作苏州工业园区。另外，这一阶段，新加坡的会计、法律、广告、市场研究、电脑、管理咨询、房地产、工程与设计等行业也得到了相应发展。

第四阶段，知识密集型产业发展阶段(1997 年至今)。1997 年亚洲金融危机和 2001 年全球性经济衰退使得新加坡的产业发展面临新的挑战，一方面世界性的电子工业需求下降，另一方面新加坡人力成本过高使得不少制造业向中国和印度等国家转移。对此，新加坡提出要建设“知识型产业枢纽”，通过提升制造业价值链，把制造业从下游的产品生产环节提升到研发和设计等上游环节，成为新产品的开发者。

采取的产业促进政策目标包括增强高附加值、技术密集型产业，如将电子产业从低端升级到高端；发展生物医学、生命科学、环境保护、航天航空、水务产业等；以及大力发展高端服务业，重点发展以旅游、研发、金融和信息资讯为重点的高端服务业。2002 年以后，新加坡更大力发展总部经济，制订了“7 小时经济圈”发展战略，力图将自身打造成世界贸易中心、海港转运中心、会议中心、教育中心、医疗保健中心、金融理财中心。

经历了 1997 年亚洲金融危机和 2001 年全球性经济衰退后，新加坡还提出要发展以知识为主导的制造业和服务业，促进科技发展，进一步发展创意产业，不断扩大经济腹地等。为此，新加坡政府一方面加强了对生物医学、信息产业等世界级科学工程的基础研究；另一方面建设了新加坡科技研究中心——纬壹科技城；同时还设立了全国科学奖学金，吸引年轻人从事科研工作。

(二) 贸易投资便利化与先导产业推进的融合

新加坡拥有快捷高效的交通枢纽、多元包容的城市文化和高度国际化的城市环境，始终奉行亲商政策，始终保持高水平、高效率、高质量的公共服务，提供众多的优惠政策、协助企业营建全球营商网络，为经济中心城市国际性的辐射和影响创造了条件。

1. 营造国际化的环境

新加坡拥有稳定的政局、廉洁高效的政府，是跨国公司投资的首选地之一。新加坡是全球最开放的国际贸易及投资经济体，是全球最易经商的地方和全球第二个最有竞争力的国家，拥有全球最佳的营商环境，其网络发展与信息通信技术应用是亚洲最成熟的国家。新加坡的知识产权保护排名全球第二、亚洲第一。新加坡是亚洲最廉洁的经济体之一，名列世界第七位，其透明指数位居亚洲榜首。新加坡在美国商业环境风险评估机构（BERI）实施的劳动力评估测试中保持领先地位，2011 年，商业环境风险评估机构根据营运风险、政治风险和外汇支付能力三项指标对全球各国/地区的投资潜力进行预测评估，新加坡被评为全球最具投资潜力的国家（表 3-1）。拥有适宜经商的劳工法规（名列世界前 5），拥有亚洲最良好的劳资关系，劳动力资源被公认为具有高水平生产力、技术能力以及积极正面的工作态度。

表 3-1　　新加坡在全球最具投资潜力国家（地区）中的排名

排名	国家/地区	综合积分
1	新加坡	79
2	瑞　士	77
3	挪　威	73
4	台湾地区	73
5	荷　兰	69
6	奥地利	67
7	德　国	66
8	加拿大	64
9	瑞　典	64
10	比利时	63
11	芬　兰	62
12	日　本	62
13	丹　麦	60
14	中　国	60
15	美　国	60

资料来源：新加坡经济发展局网站。

2. 实施引资优惠政策

新加坡实施了降低企业所得税税率和雇主公积金（公积金）缴交率、为办公室租金封顶等优惠政策。对石油化工、电子和清洁能源等主要支柱产业实施富有竞争力的税率和税收政策，扶持其发展。新加坡致力于保护、推动专利和创新产品的发展，建立了健全的研发（R&D）生态系统和完善的知识产权（IP）保障制度。2005 年 6 月，世界知识产权组织在新加坡设立了亚洲第一家区域办事处。新加坡还签署了 35 项投资保障协议，保障驻新企业在其他国家的非商业投资风险。

新加坡通过实施 SECRET 一整套强化竞争优势的关键计划，为企业生态系统、制造价值链上的全套活动提供所需的完备资源（表 3-2）。在供应链管理上，通过优良的信息技术基础设施、世界级海港与机场连通世界交通运输网络，确保企业的全球交付可在最优化、最具成本竞争力的情况下完成。在生态系统上，引导不同规模、地域与发展阶段的商家和企业在各自业界生态系统内相互滋养，服务业强力支持各制造业公司不分大小围绕知识和新技术相互联接，构建强健的共生系统。在文化上，制造文化与各套技能密切组合，从劳动力密集型经济体转化为依靠知识和创新推动的、具有高竞争力的经济体。在营运范围上，不断拓展制造枢纽辐射范围，与世界各国签订自由贸易协议、避免双重课税协议、投资保障协议以及相互承认协议等多个双边和多边贸易协议，帮助驻新公司削减成本、开拓新市场及将产品更快投放市场。在新兴领域上，为创业起步阶段的公司提供有利经商环境。在技术上加强技术创新和发展，加强私人与公共研究机构的合作，提出研发开支占 GDP 比重从 2010 年的 2%增至 3%的目标。

表 3-2　　新加坡制造业 SECRET 战略的内容分解

战略分解	战略目标	战略路径
供应链管理（Supply Chain Management）	提示新加坡在全球供应链管理上的领先地位	通过优良的信息技术基础设施、世界级海港与机场连通世界交通运输网络，确保企业在最优化、最具成本竞争力的情况下完成全球交付
生态系统（Ecosystem）	强化企业经营的生态系统内的合作	引导促进不同规模、地域与发展阶段的商家和企业在各自业界生态系统内相互支持，激励服务业给予制造业企业以新技术开发等多种支撑，加强合作，构建起制造业与服务业的彼此共生系统
文化（Culture）	本土制造文化吸纳知识经济形态的新要素投入	在本土部分劳动力密集型经济部门内，谋求以新知识和创新模式为取向的文化建设，推进本土制造文化的转型

续表

战略分解	战略目标	战略路径
营运范围(Reach)	扩展新加坡作为制造枢纽的经营范围	不断拓展本土制造企业的国际化经营与市场网络建设的范围,与世界各国签订自由贸易协议、避免双重课税协议、投资保障协议以及相互承认协议等多个双边和多边贸易协议,帮助驻新加坡的公司削减成本、开拓新市场及将产品更快投放市场
新兴领域(Emerging Areas)	培育新兴产业领域	扶持新兴产业领域,为创业起步阶段的公司提供有利的经商环境
技术(Technology)	加强技术与创新发展	在技术上加强技术创新和发展,加强私人与公共研究机构的合作,提出研发开支占GDP比重增至3%的目标

资料来源:滕光进、区和坚、刘兴政的《香港产业结构演变与城市竞争力发展研究》,《中国软科学》2007年第12期。

3. 强化跨国公司总部基地的优势

新加坡被视为美国、欧洲和日本公司总部基地的首选地,被认为进军全球市场的平台。目前,新加坡共有26万家国际公司,1/3的“财富500强”公司在新加坡设立亚洲总部。新加坡签署了50个避免双重课税协定和30项投资保证协议,使开展跨国业务的总部公司享有税收优势。新加坡还签署了《保护工业产权巴黎公约》和《与贸易有关的知识产权协定》,为企业提供额外保障,最大程度地挖掘知识产权潜能。这些与国际接轨的高标准的制度使新加坡长期以来一直是亚太地区的“总部集聚区”,也由此构成了新加坡服务业中的“总部服务”的显著优势。它是其城市创新竞争力非常重要的组成部分(表3-3)。

表3-3　2010年新加坡固定资产投资额及其增加值情况　单位:亿新元

行　业	固定资产投资额	占比(%)	排名	增加值	占比(%)	排名
总部及专业服务	9	7	4	63	43.6	1
信息通信和传媒	7	5.4	5	11	7.6	4
普通制造业	2	1.6	9	1	0.7	9
运输工程	15	11.6	3	7	4.8	5

续表

行业	固定资产投资额	占比(%)	排名	增加值	占比(%)	排名
精密工程	4	3.1	7	7	4.8	5
化工	17	13.2	2	5	3.5	7
电子	58	44.9	1	20	13.8	2
生物医药制造	5	3.9	6	6	4.2	6
医疗服务	3	2.3	8	4	2.8	8
教育	3	2.3	8	0.4	0.3	10
物流	2	1.6	9	4	2.8	8
工程及环保服务	4	3.1	7	16	11.1	3
合计	129	100	—	144.4	100	—

数据来源:新加坡经济发展局年报。

4. 发展高技术制造业

新加坡制造业以品质、可靠性、价值为标志,长期专注于创新与研发,凸显成本竞争力、效率、技术专长和创新精神。新加坡的世界级研究机构和高等学府巩固和增强了制造业的全球领先地位。目前,新加坡制造业已具备可观的精细程度与增长潜力,并随着经济发展,制造业向知识与研究倾斜。直接出口的制造业产品占总销售量和总制造业产值的比重超过50%,制造业出口导向型特征显著(表3-4)。新加坡经济发展局明确提出,从目前到2018年,制造业每年创造大约1.5万个新就业机会,并衍生约6 500个服务业就业机会;力争2018年前实现制造业产值增加1倍,达到3 000亿新元;制造业增加值增加1倍,达到800亿新元,高技能制造业工人的比率占总员工的比重从32%提高到50%①。

表3-4　　新加坡制造业主要生产统计

类别 \ 年份	2000	2005	2006	2007	2008	2009	2010
机构(个)	4 044	8 037	7 892	8 166	8 640	9 296	—
工人(万人)	34.5	37.0	38.2	40.4	43.5	41.8	41.2
物料(亿新元)	936.1	1 252.6	1 365.4	1 474.9	1 608.9	1 246.7	1 518.7

① 赵超:《新加坡产业发展及其对我国的启示》,《开发研究》2010年第4期。

续表

年份 类别	2000	2005	2006	2007	2008	2009	2010
制造业产值(亿新元)	1 587.5	2 086.5	2 295.4	2 434.4	2 537.7	2 176.4	2 583.9
总产值(亿新元)	1 637.2	2 170.9	2 378.8	2 533.8	2 638.9	2 267.8	2 705.0
增加值(亿新元)	390.3	490.4	541.3	560.2	472.5	485.1	568.6
报酬(亿新元)	124.5	143.0	152.6	166.0	177.4	169.5	179.6
直接出口(亿新元)	938.6	1 346.5	1 410.7	1 523.2	1 680.5	1 507.7	1 788.8

数据来源:2011 年新加坡统计年报。

新加坡的制造业在总量规模占比相对萎缩的背景下实现显著的效率提升,以人均产值为代表的多项指标都反映了制造业的附加值不断提高,报酬占总产值的比重也维持在较稳定的状态(表 3-5)。

表 3-5　　　　新加坡制造业人均产值及占比情况

年　份 类　别	2000	2005	2006	2007	2008	2009	2010
人均制造业产值(万新元)	46.07	56.45	60.1	60.25	58.32	52.12	61.53
人均增加值(万新元)	11.33	13.27	14.17	13.86	10.86	11.62	13.54
增加值占工业总产值比重(%)	23.8	22.6	22.8	22.1	17.9	21.4	21
报酬占增加值比重(%)	31.9	29.2	28.2	29.6	37.5	34.9	31.6
报酬占总产值比重(%)	7.6	6.6	6.4	6.6	6.7	7.5	6.6
直接出口占总销售量比重(%)	60	65	62.2	62.4	66	68.1	68.2
直接出口占制造业产值比重(%)	59.1	64.5	61.5	65.6	66.2	69.2	69.2

数据来源:各年份新加坡统计年报。

通过对美国、日本与欧洲核心国家政府扶持中小企业相关战略与政策的梳理和对比,可以从中获得对我国扶持中小企业创新的政策调整的一些启示。

六、发达经济体促进中小科技型企业发展的经验

随着小规模和定制化的生产方式日趋活跃,中小企业在产业创新格局下将发挥更大的作用。在目前全球范围内领先的创新集群中,中小科技型企业

在“创新链条”上都是非常活跃的创新主体，在所在的创新区域内是创新活力的重要来源，其发挥的作用与所在地的创新鼓励制度环境高度相关。通过对代表性国家的创新促进制度与做法的梳理与总结，我们可以从中获得对上海科技创新中心发展的有益经验。

（一）美国政府扶持中小企业的做法①

中小企业在美国经济是非常重要的组成部分，政府有专门的管理机构对中小企业②的经营给予支持，通过财政补贴和税收优惠等手段为中小企业经营降低风险，推动其壮大。其中比较有代表性的支持政策如下。

1. 财政专项补贴政策

美国政府通过设立专门的政府机构或部门，对中小企业创新活动进行管理和监督，评审出符合相关条件的企业，给予专项补贴。政府各有关部门按照一定的比例向中小企业创新发展计划提供资金，用于援助中小企业开展科技创新，如设立的“中小企业创业研究基金”，就规定国家科学基金会与国家研究开发经费的10%要用于支援中小企业的科技创新。同时，联邦政府于1983年和1994年分别设立的小企业技术创新奖励项目(SBTR)和小企业技术转让奖励项目(STTR)等，以财政补贴方式对中小企业的技术创新和技术转让施以支持。

2. 财政低息贷款政策

美国政府以财政支出向中小企业提供低息贷款，以解决其创新活动中的资金困难。小企业创新研究计划(SBIC)就是通过联邦政府向小企业投资公司提供优惠的低息贷款，然后由小企业投资公司以风险投资的方式向科技型中小企业进行投资。这一制度为美国几十万家中小企业的发展壮大提供了强大的资金支持。包括目前已经发展成大型企业的苹果电脑、联邦快递及英特尔、微软等都曾得到过相应的资金援助。

---

① STEPHEN EZELL, “Revitalizing U.S. Manufacturing”, *Forum of Information Technology and Innovation Foundation*, http://www2.itif.org/2012-pa-manufacturing-brief.pdf，美国2012年国情咨文《创新与制造业复兴》。

② 美国小企业管理局将企业雇员人数或销售额作为划分小企业的指标，即雇员人数在500人以下或销售额在500万美元以下的企业可认定为小企业。

3. 财政担保政策

针对中小企业信用基础薄弱的特点，以政府出资的方式组建信用担保或保险机构，建立中小企业信用担保体系。美国的小企业信用担保体系以小企业管理局提供的信用担保为主体、以地方政府和社区的区域性信用担保为辅助，为中小企业提供贷款信用担保，促使商业银行放贷。此外，小企业局还为中小企业提供国际贸易贷款担保、出口风险担保等多种担保。另外，为鼓励金融机构向中小企业提供贷款和投资，美国政府允许向小企业提供贷款的金融机构在市场上自由买卖政府的担保权，以提高资金的收益性和流动性。

4. 税收扶持政策

对中小企业的科技创新活动施以税收优惠，是美国政府激励企业增加科技投入的主要政策手段之一。美国税法把各类科研机构都定为“非赢利机构”，免除其纳税义务。1986 年美国制定的《国内税收法》规定凡是出现研发经费较上一年有所增加的商业性公司和机构，都可获得相当于新增值 20%的退税。另外，针对风险投资的税收优惠政策是美国支持中小企业科技创新的一大战略决策。它规定风险投资总额的 60%可免交所得税，并将风险投资的税率从 1970 年的 49%下降到目前的 20%。

（二）日本政府扶持中小企业发展的做法①

日本也是设有专门管理和扶持中小企业机构的国家，针对中小企业缺乏资金、缺乏市场认同的特点制定中小企业扶持制度，以激励中小企业的创新活动，其中有代表性的政策如下②。

1. 金融领域的支持

日本政府为解决中小企业在技术创新、设备投资与更新、高科技成果转化等方面的融资困难问题，先后设立了 5 个中小企业金融专门机构——国民金

① 日本的官方机构对于中小企业的界定标准包括以下几种：就业人员低于 100 人或注册资本低于 1 亿日元的批发企业；就业人员低于 50 人或注册资本低于 5 000 万日元的零售企业；就业人员低于 100 人或注册资本低于 5 000 万日元的服务企业；就业人员低于 300 人或注册资本低于 3 亿日元的制造业及其他企业。

② 廖仕健、李玉鹏、陈抒炀：《日本中小企业政策对我国的启示——基于对日本不同阶段中小企业政策》，《现代商业》2012 年第 6 期；刘武：《日本政府如何扶持中小企业》，《中华工商时报》2011 年 6 月。

融公库、中小企业金公库、商工组合中央公库、环境卫生公库和中小企业信用保险公库(前三者为政策性金融公库,资金来源于国家财政,由政府出资或向政府借款),向中小企业提供长期低息贷款。另外,为方便中小企业贷款,日本政府在全国设立了52处非盈利的地方信用保证协会,在政府的财政支持下,中小企业只要交纳较低的保证费用(0.5%或0.1%)就可以获得担保。为减小担保机构的经营损失,日本政府设立信用保险公库,对信用担保制度实行再担保。如果中小企业出现偿还困难时,由保险公库对其损失承担70%—80%的保险金。依靠这些措施日本扶持中小企业技术创新的政策得到了有效的贯彻。

2. 财政领域的支持

日本政府为了增强中小企业的技术创新能力,在中小企业税收政策上采取优惠税收的做法,制定了多种缴税宽限和税额减免政策。日本税制规定,中小企业如进行设备现代化改造,可在第一年对其固定资产总额提取30%的特别折旧。对于开展高新技术创新的中小企业购买或租赁的机器设备减免所得税。其投入试验费用的6%可从法人税或所得税中扣除,但扣除额不能超过税制适用年度法人税或所得税的15%。另外日本中央财政每年还提取约占总额0.25%的中小企业对策预算费用,对开展技术创新和高附加值产品生产的中小企业提供额度为技术开发费用50%(500万—2 000万日元)的技术开发资金补助。

3. 针对制造业领域中小企业的特别扶持政策与手段

依据《中小企业制造基础技术高度化法》制定“战略性基础技术高度化支援制度”,对符合条件的中小企业提供低息融资、专利费减免等综合性支持,提升中小企业制造的基础技术,扶持中小企业实施研究和工艺创新。其中的“基础技术”包括铸造、锻造、热处理、模具、塑料成型加工、发酵等技术,体现了日本长期以来重视制造技术发展与升级的理念。对于以相关基础技术为主导技术的企业,该法案为企业提供了获得特定资金补贴与财税优惠保障,其中有代表性的做法如下。

(1) 提升中小企业制作基础技术的综合性支援:根据中小企业提交的研究开发计划对其进行认定,符合条件的列入“战略性基础技术高度化支援计划”,由日本经济产业省在预算额度内直接提供研发委托费。

(2) 研究开发促进税收减免:减免相当于试验研究费总额12%的税额等。

(3) 低息融资:由日本公库提供低息融资。

(4) 专利费减免:专利申请和维持费减半。

(三) 主要欧洲国家扶持科技型中小企业发展的举措[①]

在中小企业发展活跃的欧洲,德国、英国政府设立了专门的中小企业创新扶持计划,其中有代表性的手段主要有两类。

第一种手段是向企业发放"创新券"。由政府为中小企业与科研机构的直接合作"买单"。德国扶持中小企业的资金投入力度非常大。2008年经济危机后,德国为进一步提高中小企业的创新能力,采取了给中小企业发放"创新券"的政策,即一种限定于研发活动的经费补贴,让企业用以支付专业研发活动所发生的开支。"创新券"折合的价值大约在5 000美元到30 000美元之间。这些"创新券"被指定的"使用场所"则是具备专业研发设施和能力的机构,包括大学、国家实验室以及公共研究机构,后者向企业提供解决特定研发难题的服务,并帮助中小企业实施改进创新方法。

第二种手段是对中小企业提供"客座专家"式的技术与管理指导。英国政府部门推出了"制造咨询服务"的项目,根据中小企业的差异,组织多个领域的专业人士提供多层次的服务。其中属于最低层次的服务是免费技术指导,提供为期一天的现场制造过程跟踪审查;而中等层次的服务则表现为由技术和管理专家直接在企业现场考察企业的制造流程,提出改善操作流程的各类建议;高层次的服务则是为专业咨询提供资金补贴,项目会派出企业执行专家,提供约两周的现场服务,内容涉及制造过程、车间布局以及空间利用度,产品合作开发价值流设计与合作过程蓝图设计等,亲自传授企业微观组织创新技能,并对其中涉及的能源利用方式调整和更新进行指导。

---

① "Structural Funds to Help North-west Europe's SMEs Drive Growth in the Bio-based Economy with New Network Project—'Bio Base NWE', Newsletter of Research & Innovation", European Commission, http://ec.europa.eu/research/bioeconomy/news-events/news/20130510_en.htm.

第四章　上海科技创新中心与城市竞争力的协同联动——发展定位与战略规划

基于前文对创新集群、科技创新中心相关理论的分析，结合海外较为成熟的创新中心城市促进战略经验，笔者对于全球科技创新中心的形成与发展模式有了总体的认识与分析视角，这对我们分析上海科技创新中心发展战略的条件与路径具有重要启示。根据相关理论，科技创新中心发展的基础条件是国内外创新要素的充分集聚与辐射。这一功能与经济竞争力发展相辅相成。这一理念是我们认识上海开放经济竞争力与科技创新中心发展关系的关键。

相关战略包含两大重心：首先是推进科技创新中心战略与四个中心战略的协同发展。目前上海四个中心建设基本成形，与当前科技创新中心战略有待对接，从而构成两个相辅相成的目标与路径设计。科创中心不是简单地与四个中心构成“1＋4”的关系，而是要成为引领四个中心发展的标杆，以“创新驱动、转型发展”为内核，推进海内外科技创新要素在上海的充分集聚与融通。其次，对于创新微观主体的培育与创新活力的激发也是上海未来一揽子政策的主线，它可以推动上海综合的对外开放新优势的构建。再次，扶持与激励中小企业创新也是上海创新主体培育的重要使命，除了科技园区的相关政策之外，参考发达国家相关经验构建一个全上海范围内有利于中小科技型企业发展的制度环境，将是上海提升创新集群能级的重要战略。

一、海外科技创新中心对于上海科技创新中心发展的启示

典型的欧美科技创新中心都经历了从工业化向后工业化转型的阶段，共同特征包括如下几个方面。

（一）大都市的“服务化”态势是一个自然发生的过程

东京在20世纪60年代推进国民收入倍增计划后，第二产业和第三产业的结构比并没有发生迅速的变动，而是呈现相对稳定的态势，直至80年代中后期。从经济增速放缓和产业结构转型之间的关系看，东京几乎用了将近30年的时间完成了第三产业从50%提高到70%的“服务经济”的转型。上海2013年的GDP相当于东京20世纪80年代的水平，也面临环境约束和国际市场的波动。上海目前正在经历的城市转型，不是简单地扩大服务业比重，而是需要着眼于推进制造业以内涵式发展的道路扩大贡献，并在产业效率导向下对现代服务业的投入和专业化予以政策上的引导。

四个中心作为上海经济功能提升的抓手，需要针对城市转型期的需求，抓住“产业优先”这个主线，谋求制造业与服务业“合理的”均衡发展。

建设有国际影响力的科技创新中心是一项国家战略，使上海在中国的创新转型中可以继续发挥“先行者”和“排头兵”的作用。相关数据表明，上海创新转型的经济绩效与深圳、北京仍存在一定差距。而科技创新中心发展战略的定位重在“科技”要素的集聚、产业化及其与各领域的渗透。与此同时，在服务业态的发展上，也需要围绕科技要素培育与集聚的内在需求。

1. 效率优先的现代制造业产业政策取向

从芝加哥大都市创新中心发展的历程可以看到，该城市的制造业发展在面临全球化与国内经济问题的双重影响时，仍然保持了增长的趋势。相关战略的着眼点在于增强制造业的生产效率，特别是大力发展先进制造业，以技术创新取代人力投入起了至关重要的作用，使芝加哥的制造业进入“高产出—少用工”的新阶段。中国部分区域的制造业当前也面临转移或劳动力供应下降的问题。当务之急并非进行更优惠政策的“比拼”，或单纯提高职工工资，而要

提高制造业的总体效率，特别是对先进制造业的引进与本土化。只有关注制造业的效率提升，才能真正实现大都市区的产业升级与可持续发展。

2. 高技能劳动力培养的人力资源战略

美国主要区域创新中心城市的产业结构都经历了以"服务化"为特点的变迁，即经历了制造业占比逐步落后于服务业的过程。但是，需要注意的是制造业占比的"峰值期"时间跨度很长，在"峰值期"，制造业内部也经历了行业结构与人力资源结构的调整，从东京和芝加哥的制造业发展经验可以看到，先进制造业的发展，自然会"挤出"低技能劳动力，同时实现劳动力整体的"技能提升"。但这种挤出与升级的趋势，并非没有前提，它建立在区域具备大量高技能工人的基础上。各个大都市经济管理部门在提升城市竞争力的战略中，几乎都将劳动力培养作为主要目标之一。

3. 增强企业、高校、学生之间的互动

从波士顿和密歇根州的先进制造业发展战略中可以看到，企业、高校、学生三方的技能培训互动体系占有非常重要的地位。该战略还提出恢复学徒制培训体系，为学生提供先进制造业就业的良好条件。这些贴近制造业实际需要以及学生就业需求的主张，将有助于形成产业—人力两者间的良性互动。中国城市的制造业人才培育体系，仍大部分处在放任自流的阶段；制造业企业与人才培养机构之间的互动，也处于自发阶段。因此，相关大都市为适应先进制造业的发展对于人才的大量需求，有必要制定一套促进企业、教育机构、学生职业规划部门之间互动的体系，从而形成适应先进制造业发展的人才基础。

科技创新中心的投入需要与城市功能的空间布局充分结合，波士顿和密歇根州根据创新人才和现有机构的格局设立的"创新集聚区"对于上海集聚创新要素的空间设计有重要启示。一些城市的创新空间塑造，往往更多强调创新要素的简单叠加与集中，以园区开发的模式将创新投资、新设企业和生产基地等机械性地拼贴在一个空间中。这种过度强调"集聚"的城市创新空间构建，很容易造成人、财、物多层次的创新要素"集中不集聚"。创新主体缺乏联动、创新区域缺乏宜居性的问题，最终会影响创新区的可持续发展能力。

（二）产学研合作网络的升级

中心城市以大学为载体的智力资源是一个城市创新的内核，也是高科技产业人力资本供给的基本源泉，对增强城市综合竞争力具有更大意义。波士顿创新驱动转型发展的经验对上海作为高校重镇推进产学研合作有重要参考价值。

1. 推动高校与企业界的密切联系与合作

波士顿的名校麻省理工学院作为波士顿地区的人才高地，不仅科研实力雄厚，而且与产业界合作密切，在当地的高技术产业和新兴业态成长过程中扮演着非常关键的角色。尤其是在波士顿的工程与生物医药产业领域，麻省理工学院的毕业生与科学家团队作出了非常大的贡献。有鉴于此，目前上海所集中的一批中国高水平大学，仍然需要推进与企业界的密切合作，以产学研紧密联系为基础平台，推动知识技术向产业的转化，形成真正的生产力。

2. 把握机遇推动新兴战略性产业的发展

美国联邦政府巨额军事开支的投入对波士顿128公路区的发展发挥了有力的推动作用，但之后投入减少以及对高科技产业发展方向把握的不准确，同样导致波士顿经济的衰退。中国城市高科技产业的发展必须重视机遇的重要性，积极响应国家重大战略，坚持有所为和有所不为的原则，不笼统地推进战略性新兴产业，而基于本地资源情况，探究外部市场条件，进一步明确产业优先发展方向、制订产业政策，特别是要突出发展利于培育新兴市场、扩大内需、改善民生的技术和产品。

3. 配合现代服务业的建设推动高科技产业发展

现代服务业应该强调为实体经济尤其是高科技产业服务的功能。第一是大力培育风险投资。研究制订专项政策，特别是引导企业家、银行家、律师等有行业背景和专业特长的人员加入天使投资队伍。第二是促进多种资本的有机整合。建立多种资本来源(包括政府扶持资本与市场资本)捆绑式的投资机制，增强政府引导资金的放大效应。第三是推进无形资产担保。要积极研究制订企业期权、知识产权和信誉担保的有关管理制度和操作办法，同时政府应探索投入政策性的风险补偿资金。第四是形成资本退出机制，这是创业投资可持续发展的重要环节。

4. 大力培育发展服务于高科技产业的非政府组织

大力培育一批非政府组织，为高技术产业发展服务。目前需要重视两个途径：一是鼓励按产业、企业或从业人员的特征和需求，设立社团或协会等非政府机构，政府应引导并发挥其桥梁纽带作用，吸纳他们参与有关规划决策，甚至委托其建设、运作一些公益性服务平台，如科技综合体、创业投资服务中心、行业技术研发中心、检测中心等。二是鼓励高校、科研院所等成立科技中介机构如生产力促进中心、技术转移中心、知识产权交易中心，支持其按照市场化、社会化要求，开展技术转移、技术评估、技术融资等活动，加快科研成果的推广应用。

5. 围绕大学城建设城市高科技产业发展的中央智力区

目前我国的高校布局结构调整基本完成，一批集聚高级知识人才、现代化教育设施的大学城在各地落地。上海的杨浦大学城和松江大学城是上海最重要的大学城，如何让这些占地面积庞大的城市功能区发挥出最大的社会经济效益，是当前迫切需要解决的课题。波士顿坎布里奇树立了一个成功的标杆。因此，在城市功能上，大学城要担当整个城市的中央智力区角色，提供高等教育、研发等服务。为此，各城市必须进一步在高校教育体制改革、创业环境建设、产学研融合发展等领域实现突破，切实推动大学城智力资源转化为经济效益。

二、上海科技创新中心战略的基本定位

上海建设具有全球影响力的科技创新中心是一项国家战略。它不仅是上海“创新驱动转型发展”战略全面落实的关键路径，也是中国提升国际经济地位，应对经济发展新常态的战略抓手。上海作为中国对外开放的前沿城市，是一个崛起中的新兴全球城市，其全球城市功能的发展尚待完善。建设科技创新中心是上海下一阶段建立对外开放新优势的关键。基于中长期发展的视角，探索上海科技创新中心作为上海城市竞争力的内核，需要着眼于产业结构的调整、大都市功能建设与创新主体培育的制度建设。相关战略是一个覆盖产业引导、城市功能与创新网路建设的综合性战略。

(一) 上海科技创新中心建设的基础条件

1. 创新资源的全面性

与现有的领先科技创新中心或创新城市相比，上海创新中心建设的突出

特点在于，城市拥有较为全面的创新要素，其综合性带来创新水平进一步发展的潜力。尽管水平上参差不齐，但上海拥有研发、制造、销售、应用、全球要素配置能力等创新链上的几乎所有功能。

2. 具有城市群的产业依托

上海与周边长三角城市群长期积淀形成的服务于全球的制造能力，使得上海在建构具有全球影响力的创新集群方面具有独特的优势。上海所依托的长三角制造业基地及其科技研发能力和产业技术能力十分强大。区域内具备发达的高端服务业、商贸流通业，较为完善的科技市场和服务环境，在自由贸易区设立以后，制度优势的确立、效应示范及其外溢，都为上海建设全球科创中心提供了良好的基础和机遇。

3. 吸纳国际创新资源的优势

上海“四个中心”与世界城市地位，使其具备全球要素资源配置的门户与中心地位。上海本地的研发机构、跨国企业的研发部门与国际资本、人才、市场的互动能力较强。虽然上海本土科技原创企业数量较少，但拥有一大批以跨国公司为代表的科技创新企业，尤其是跨国公司研发总部集聚。截至 2013 年年底，在沪外资研发中心有 366 家，其中世界 500 强企业有 120 多家，分别占全国的 1/4 和 1/3，这是在全国范围内独一无二的优势资源，上海已具有基于跨国公司研发中心基地的全球研发网络节点功能。

(二) 上海科技创新中心建设战略的目标与重点

1. 总体定位

上海这一具有全球影响力的科创中心的建设战略将定位于依托长三角，全球领先的，政府引导与需求导向相结合的科技创新中心。该中心建设的愿景是成为全球高端人才创新创业的集聚区，世界前沿技术研发和先进标准创制区，国际性领军企业的发展区，具有全球影响力的高技术产业的辐射区，体制改革与机制创新的试验区。

2. 战略目标

(1) 形成瞄准世界科技前沿，勇于自主创新的主体思维。上海建设具有全球影响力的科技创新中心，应着力于在全球科技的前沿领域取得突破及话语权，在核心技术领域占有一席之地。把握新产业革命发展趋势，注重超越国外研发力量的约束性影响，形成勇于推动自主创新的“主体思维”，进而在原创技术领域形成以本土创新力量为核心的整体突破态势。

（2）形成以技术应用为先导、基础科学创新为突破的创新发展格局。市场需求是创新发展的核心动力。上海应在深化理解未来城市发展需求的基础上，以技术应用为核心，布局一批体现未来中长期全球城市发展最新理念的创新项目。特别是对接智慧城市、生态城市、先进制造业的发展，构建以城市技术应用为牵引，基础科学研发为保障的创新格局。

（3）成为国内、国际创新型人才创新、创业的乐土。上海应聚集国际、国内两个领域的高素质创新创业人才，成为原创思想的发源地和汇聚地；营造创新生态系统；鼓励金融和科技创新服务机构集聚于中心城区；建立产业互助系统，形成良性的科技生态环境，给创新公司一个良好的空间；整合金融业、媒体、出版社和广告商为科技产业开路。

（4）成为国内外跨国企业研发机构的集聚地。上海将不仅仅是外资跨国公司研发机构的集聚地，更是本土跨国公司全球总部、研发机构的集聚地。产业创新活动、知识创新型机构多来自面向全球的企业，这些机构的集聚将使上海成为国际国内知识互动交流的重要枢纽：海外市场需求传递至上海总部和研发机构，研发机构研发新产品和技术，长三角的试验工厂进行小批量试生产，上海庞大的多元化消费群体体验新产品，最后上海总部再将新产品新技术传递至国内其他地方或海外进行制造和推广。在这一动态创新过程中，由于全球总部和研发机构的集聚，上海及其周边的长三角就将成为产业技术创新的核心地带。

（5）成为产学研互动紧密、不同主体知识信息和技术交流的重要枢纽。挖掘城市人力、知识集聚，文化多元这些创新性特质的潜力，围绕校区的科研和人才优势来设计新产业方向，依托中央智力区的三区联动来引导知识创新与经济增长方式的转变。建立高等教育自主权下放和柔性流动机制，鼓励高校培养企业家精神、实施开放式办学，使研究开发和教育培训机制与社区和产业“联动”。使企业、大学和研究机构，消费者、政府、第三方中介服务机构以及金融机构互动活跃，不断促进产品、技术和商业模式的创新。

（6）形成高技术产业对上海城市功能升级的核心支撑。上海需要集聚一定数量的有全球影响力的科技型企业，具有能对全球创新格局产生重大影响甚至是颠覆性影响的企业。上海应形成以研发型、总部型、服务型为特征的高端、高效、高辐射力产业。形成一批技术集成度高、功能齐全、配套能力强、产业带动力强的高技术产业集群，培育一批具有国际竞争力的领军企业和具有自主知识产权的国际品牌，从而提升上海的城市竞争力。

3. 战略重点

(1) 吸引和聚集国内外创意、创新、创业的高端人才。结合重大科技专项和重点创新项目，依托研究型大学，深入推进“千人计划”、“长江学者奖励计划”等高层次人才培养和引进计划，面向国内外吸引、汇集一批具有国际领先水平的顶级专家和学科带头人；创新人才培养模式，加快培育领军型人才和战略科学家，加快建设高水平创新团队，形成一支学风优良、富有创新精神和国际竞争力的具有世界一流水平的创新团队，使之成为我国攀登科技高峰和解决重大科技问题的主力队。

(2) 大力提升高校、研究机构的科研创新和国际化水平。上海一些高校应能跻身世界百强高校，上海应建设一批冲击世界领先水平的科学研究基地和创新人才培养基地，带动全市科技原创能力的大幅提升。高校和科研院所以重点学科、优势学科为依托，积极参与和建立国际学术合作组织、制订国际科学计划；主动与境外高水平教育、科研机构建立联合研发基地，培育和发展应用技术研究机构；推进符合条件的转制科研院所开展新型科研院所改革试点，促进形成科研院所创新管理体制和运行机制；增强应用技术创新、产业共性技术研发和公益性技术服务能力。

(3) 确立一批优先发展的战略性基础科学项目。把握新产业革命动向，整合现有科研资源，在生命科学、信息技术和新能源、新材料等领域着力研发一批具有国际领先水平的核心技术。深入实施知识产权战略，促进知识产权的创造和运用，完善知识产权资助政策和奖励制度，重点支持企业、研究院所和高校形成自主知识产权，申请一批产业核心专利和制定一些重大技术标准，形成对全球创新价值链的掌控能力。

(4) 扶持一批响应市场需求和应对全球共同问题的高技术产业。立足使科技对经济社会发展的贡献度进一步提升，聚焦环境能源、健康等相关产业，涵盖节能技术、环境技术、医疗设备制造、医疗服务、医药研发和制造等行业。这类行业不仅涉及国内民生需求，更是全球老龄化和全球气候环境恶化趋势下无法回避的国际问题，加速科技成果产业化步伐，推动新兴产业和新型业态不断涌现；促进科技成果与商业模式创新融合发展，促进战略性新兴产业和高科技产业成为上海经济发展的主导力量，带动研发服务、科技服务等知识密集型服务业充分发展。其核心指标包括高技术产业增加值占工业增加值比重、知识密集型服务业增加值占GDP比重、战略性新兴产业产值占全市工业总产值的比重达到甚至超过同期国际先进城市水平。

(5) 加快培育创新型跨国龙头企业，提升本土企业的创新竞争力。由于海外研发机构多为适应东道国需求进行产品改进和研发，从战略重要性看，本土企业研发活动对上海科技创新中心建设更加关键。因此要聚焦重点行业、优势产业，引导企业跨行业、跨区域兼并重组，提高企业的规模和质量，鼓励企业加强自主技术创新，加快企业技术研究部门和研发人才队伍建设，支持企业建立工程技术(研究)中心、企业技术中心、实验室和产业化基地，提升本土企业创新竞争力。

(6) 形成与上海全球城市地位相适应的科技创新影响力。从全球城市的发展趋势看，全球城市的战略功能依托逐渐从单一的流量枢纽，转向"流量—创新"双重驱动的新格局。在这一背景下，上海应着力构建成为国际创新源头，形成社会创新意识强烈、创新氛围浓厚、有利于创新的环境；形成制度健全，创新成果、平台对国际创新资源集聚和辐射作用明显的"全球创新城市"。

(三) 上海科技创新中心建设规划的内核

上海科技创新中心的建设是以全球科技发展和产业创新由单级向多级化格局演进为大背景的。从过去30年的发展进程看，发达国家主导的科技创新中心单极化格局是全球科技革命直接推动的结果，得益于近年来新兴市场的迅猛发展和政策环境，以及以互联网为代表的通信手段革新。科技资源集聚和产业技术重大突破的分散和多极化形态正在显现，新兴市场国家特大型城市在全球科技创新网络中的地位逐步提升，在全球科技创新网络中的"节点"地位趋于明显，新兴大都市进入全球创新城市队伍，呈现加速趋势。

对包括中国在内的新兴经济体而言，具有全球影响力的科技创新中心建设的突破口已不仅仅在于科技本身，如何综合利用自身科技、经济、文化优势成为寻找突破口的关键。上海在全球城市网络和科技创新网络中的节点地位都不断上升。上海建设具有全球影响力的科技创新中心的目标是着眼于创新的全球布局与产业链的全球深化，提升上海在全国、亚太地区和全球的创新地位。

1. 融入全球创新网络

上海科技创新中心的建设需要上海融入全球创新网络，这必然要求我们认识全球创新网络发展下的科技创新中心的建设。科技创新中心对于城市功能发展更倾向于资源集中与集聚，关键在于发挥所在地区与全球科技资源培育和集聚网络的建设及向外辐射的能力。

对科技创新中心的理解首先是对全球创新网络有深刻的认识，我们认为，全球创新网络有三个层次（表 4-1）。

表 4-1　全球创新网络的三个层次

层　次	网络发展的形态	发展主体和驱动因素
第一层次	全球知识创新网络	以高校科研院所为主体，以科学论文、专利、学术会议、人员访学、合作研究为载体的知识流动
第二层次	全球创新创业网络	以创业者为主体，依托各类创新创业载体（苗圃、孵化器、加速器等）的高竞争、高淘汰的技术开发层。具有高度全球化背景的各类创新创业融资（天使投资、风险投资、私募股权投资、众筹募资等）是其关键润滑剂，它使这一层也具备松散的全球网络化架构
第三层次	全球研发产业化网络	以跨国公司等领先型企业为主体，由全球生产网络升级而来的，以企业研发中心全球布局及其研发服务外包为主要介质的技术开发与产业化层

这三个层次之间的递进和联动机理在于：通过人才、信息和资金三大城市核心要素集聚，依托市场的力量和政府的促进手段形成相关要素的组织、融合和配置。其基本模式是以资金的配置为启动源，从投资转化为支持，到形成知识创新网络，再到知识转化为促进新财富生成与集聚的创新创业网络与研发产业化网络，而后形成的财富中一部分又投入到知识生产中，构成一个循环。在这个过程中，城市的知识流动、先导产业技术创新与城市综合性的市场和流通功能实现共同发展。

从全球主要科技创新中心的发展特点来看，全球科技创新中心的核心特点包括拥有集聚全球范围内创新要素的功能，是全球科技创新网络重要的枢纽节点，在全球资源配置特别是科技资源配置中处于重要支配地位。

根据全球主要科技创新中心的演进历程与形态，我们可以把全球科技中心的特征加以总结，其特征涉及经济基础，主要包括经济规模与市场规模；对外交通，国际化经济纽带，高端人才集聚，国际化组织，科技中介与科技服务机构、创新平台与载体，创新文化等（表 4-2）。

表 4-2　全球主要创新中心的主体特征

特　征	含　义	衡　量　指　标
经济基础	较强的综合经济实力与人口规模	人均 GDP、总人口
基础设施水平	有便利快速的对内与对外交通联系	在本土交通网络中的中心地位、高水平的国内机场与国际机场、国际航线高度集中、国际物流网络发达、海外发达的航空网络
对外经济联系与全球市场纽带	货物出入境体量巨大、高度发达与迅捷的跨境货物流转设施与管理系统	发达的海关与保税园区，港区、港口与机场的吞吐量、贸易便利化的管理系统
人力资源	集聚一大批多样化高层次创新人才	高水平大学的集中度、高学历人才占比、国际化人才流动与居留便利度
推进研发国际化的国际性组织与机构	入驻具有较高研发需求与研发资源的跨国组织或其机构	全球领先跨国公司的研发中心（全球总部与地区总部）的数量，非营利性的国际（地区性）大型国际事务协调组织的设立数量，海外商会入驻数量，国际贸易、金融业务量，与产业创新相关的常设性国际机构的设立
科技中介与科技服务机构	大量为创新、创业服务的官方部门与非营利性机构，提供创新金融服务、市场咨询服务与风险管理服务	地方政府与经济决策部门内的职能部门与工业（科技）园区内专业职能机构的服务水平，各类创新扶持政策的水平、中小科技型企业孵化的水平
创新平台与载体	科技园区的高度集中与紧密的产学研合作网络	科技园区（创意园区）的集聚密度，创新孵化器的孵化成功率
全社会范围内的创新文化	年轻人勇于创新的社会氛围与社会（园区）容忍创新失败的环境	高校鼓励毕业生创新与创业的相关项目与灵活的学籍管理规定

综上可知，科技创新中心作为科技创新培育和转化的各种要素的汇聚地，需要具有高度整合创新资源的能力，以及将创新成果推向市场的能力，这是促进科技创新中心成长的关键。

2. 对接先导产业的发展目标

比照目前全球科技创新中心的类型及其特征，上海在以产业结构和技术属性区分的中心类型下，更适合定位于以先进制造业与现代服务业相融合的现代产业和发展创新成果应用的市场。

根据著名的城市竞争力咨询机构 2Thinknow 的全球创新城市（地区）的资料库，我们可以把科技创新中心城市分为四种类型，四种类型的分类标准和主要类别如表 4-3 所示：

表 4-3　　全球科技创新中心的主要类型

分类标准	主要类别
以技术/文化的组织方式分类	技术创新型、文化智力型、文化技术型和技术组织型
以竞争力的核心驱动力分类	工业驱动型、服务驱动型、科研驱动型、市场驱动型、政府驱动型、文化驱动型
以城市规模和地位分类	全球创新中心城市、区域创新中心城市和非核心创新城市
根据产业结构和主导技术属性分类	现代服务业和前沿科技研发引领的综合性中心城市（例如纽约、东京、伦敦和巴黎）、特定产业技术研发引领的中心城市（如美国硅谷、芝加哥，日本筑波及德国慕尼黑）、工业领域领先的中心城市（美国底特律大区和日本丰田市）

上海无法复制目前发达国家全球性创新城市中特定城市的发展模式，而是需要同时借鉴纽约等以服务业为引领的全球城市和芝加哥等以制造领域新兴产业为引领的全球城市模式，结合上海开放经济功能建设形成的联通中国国内和国际市场的市场要素，形成上海建设有全球影响力的科技创新中心特有的发展模式。

作为一个立足于新兴市场大国的中心城市，上海科技创新中心建设的突破口已不仅仅在于科技本身，如何综合利用自身科技、经济、文化优势成为寻找突破口的关键。上海建设具有全球影响力的科技创新中心是国家科技创新竞争力大战略的选择。在科技创新中心日趋多极化的背景下，上海作为中国服务业、商贸与高级人才的“高地”，无疑将在集聚科技创新中心所需要的资金、信心和人才要素上具有重要优势。

上海的工业基础和联通国内与海外的市场要素是科技创新中心的基础。一方面，在全球先导行业中，需要集聚全国的科技和人才资源实现突破；而在竞争性产业领域，在市场决定资源配置的领域，不能再走纯粹的关键核心技术突破的道路，技术创新与商业模式创新应并重且构成正反馈良性循环。

上海建设具有全球影响力的科技创新中心的中长期目标包括如下四个方面。

(1) 持续产生对人类社会生产生活方式具有重大影响的原创技术。

(2) 持续引领新兴产业发展的潮流。

(3) 不断孕育对全球产业格局有重大影响甚至是颠覆性影响的企业。

(4) 最终成为影响人类文明进程的原创思想的发源地和汇聚地。

在上海建设具有全球影响力的科技创新中心是一项中长期战略，与当前“四个中心”建设的产业转型与城市功能发展主战略之间具有紧密的联系。四个中心建设倚重的是上海服务经济的提升，而服务经济的转型和效率提升离不开制造业的升级，只有以制造业和服务业融合发展的产业体系和市场功能发育为基础，才能实现真正意义上可持续的服务经济发展。上海的科技创新中心建设无疑需要对接于上海新一轮制造优势的发展，以此支撑服务领域专业化发展和效率提高。

通过考察美国若干具有代表性的全球科技创新中心的发展历程，我们深刻认识到城市的产业结构转型、科技资源集聚和科技竞争力提升之间的互动关系。它帮助我们解读中心城市的科技要素发展与“制造—服务”产业结构布局之间的动态关系，这是我们规划上海科技创新中心的战略与四个中心联动发展的重要参考。

三、科技创新中心与上海全球城市功能升级的协同发展

作为一项国家战略，上海建设有国际影响力的科技创新城市既是上海谋求开放水平提升的“起跳板”，也是上海应对经济转型挑战的中长期方略。

(一)顺应城市功能整体升级的需求

根据 2012 年 GaWC 相关报告的全球城市排名资料,上海属于全球城市的 Alpha +级别,总排名位居第六。根据 2014 年美国“Foreign Policy”期刊文献所测算的全球城市指数,上海名列第 18 位,比 2012 年的排名前进 3 位。由此可以看到上海在全球城市体系中已经跻身前列,与发达经济体相比,落后于伦敦、纽约、巴黎、香港、新加坡等城市。

回溯上海的城市总体发展战略的定位,与发达国家大都市相似,上海也经历了从工业城市向服务型城市功能的转型(图 4-1)。上海从 20 世纪 90 年代开始探索从工业城市逐步向商贸产业和对外开放功能并举的综合型城市转型发展,浦东的开发和开放奠定了上海的开放中心城市的地位。2008 年受全球经济危机的影响,上海的对外开放持续面临巨大压力。中共中央对上海提出了“创新驱动发展、经济转型升级”的战略,确立了 2020 年完善“四个中心”的发展主基调。

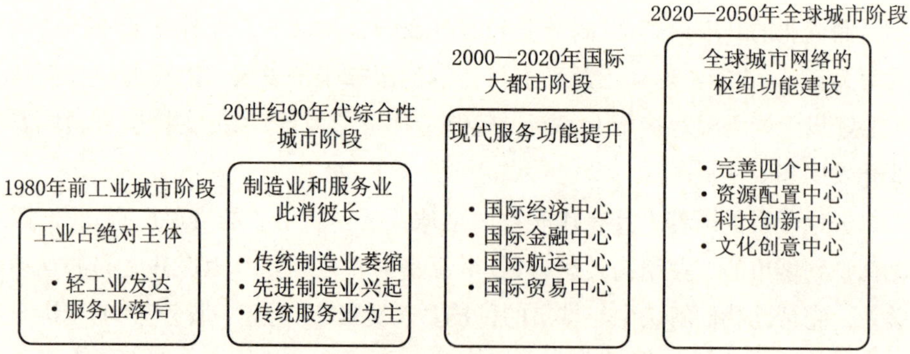

图 4-1　上海城市产业结构与功能升级的演进

科技创新中心的建设将以全球城市的“场空间”和“流空间”的结合为出发点,以科技活动便利、科技要素的集聚为切入点,以产业效率为准则,谋求上海内外资源优化配置,推进上海先进制造业与现代服务的多层次新型工业化进程,实现更高意义上的开放优势升级。

上海在 2010 年提出的“四个中心建设”战略是“十二五”上海经济与社会发展规划的核心,根据规划,2020 年上海将全面建成“四个中心”,提升其在亚太地区的中心城市地位，从流量的节点城市提升为“枢纽”城市。

（二）与上海“四个中心”建设之间的协同

上海科创中心的建设必然依托上海城市功能的整体升级，因此该战略与上海四个中心战略之间的协同与联动将起到关键作用。目前，上海四个中心的建设已经进入深化发展阶段，在贸易、金融与航运领域的对外开放还有待深化，对外商投资的产业准入仍存有不同程度的门槛。未来5年是上海“四个中心”功能深化的时期，伴随着以上海自贸区为载体的一系列制度突破，各类服务新技术、新模式的形成与产业国际化网络平台的建设将进入全面深化阶段，从而为科创中心的发展指名方向。这是我们认识现阶段上海科技创新中心与四个中心互动关系的关键。与此同时，四个中心建设中，贸易、金融、航运三大中心与国际经济中心之间的互动关系有待明确；跨国公司在沪研发中心与本土企业在研发创新链内的专业化分工与合作将成为上海产业创新资源集聚的抓手，对于上海科技创新资源的产业领域布局与创新网络建设具有先导作用。

上海建设有国际影响力的科技创新中心是一项国家战略，体现了中央对于上海进一步推进集聚和融汇全球科技要素推进上海产业升级的要求。这是面对近年上海贸易体量相对萎缩和经济增长放慢提出的目标，该目标将帮助我们重新定位上海的“服务经济”，扭转片面扩大服务业占比的观念，指出上海在制造业升级与现代服务业发展之间需谋求均衡，确立上海中长期发展的动力。

从中长期的发展阶段看，科创中心的发展将超越“四个中心”发展，与上海中长期全球城市功能升级战略实现更深层次的呼应。

未来上海城市功能需要着眼于长远的城市竞争力提升，即“四个中心”后的上海全球城市功能发展。从全球城市“流动经济”的准则看，以世界级流量经济中心和策源辐射中心为目标，分解为两个方面，一个方面是全球城市网络中的流量经济中心，需要集聚全球资本、信息、技术、货物等要素，从中长期看，它包括金融流量、货物流量、贸易流量和科技流量。科技流量的发展是多元的，需要以先进制造业为基础，也着力于贸易、金融等服务业的融合。另一方面，以上海为龙头的长三角城市群将成为世界第一城市群，它不仅是开放经济的龙头，也是科技创新的龙头和亚太地区科技创新市场的枢纽。

第五章　上海科技创新中心建设的路径选择

现阶段上海的城市功能的升级依托上海自贸区的启动，进一步提升了开放与改革的新动力。未来大量新贸易模式、新兴服务技术、新商业模式与新兴产业将进入迅猛发展期，其中市场化制度、科技手段、城市管理模式的创新，与资源国际化配置机制之间是紧密联系、高度互动的。

一、现阶段目标与路径：助推“四个中心”建设的全面深化

上海建设“四个中心”的战略是“十二五”上海经济与社会发展规划的核心。根据规划，到 2020 年上海将全面建成“四个中心”，亚太地区内的中心城市，从经济流量意义上，从流量的节点城市提升为“枢纽”城市。

科创中心的发展将引领上海全球城市功能的全方位发展，是“后四个中心”背景下上海城市竞争力提升的关键因素。上海科技创新中心将在城市创新、创意、企业家创业所需的资金融通、人才流动和国际化网络建设上在亚太地区发挥集聚与辐射作用。

上海科创中心与四个中心的互动关系，需要从多视角进行战略规划与安排。根据“四个中心”的整体发展规划与下一阶段规划升级的目标，我们可以从技术支撑、机制接轨和要素集聚三个方面来认识科创中心与四个中心之间的互联互通。

(一) 技术支撑的维度:科创中心与四个中心之间的功能耦合

四个中心的产业功能建设需要以现代服务业为根本动力,对上海开放经济优势的发展具有决定性影响。科技创新中心的创新资本与创新的便利化流动以及跨国合作网络建设将为服务业提供新技术开发、应用以及共性技术平台的支撑,它是深化“四个中心”建设的重要推动力。

四个中心功能深化本质上是服务经济深化的结果,各类新兴服务业发展依托的主导技术近年来呈现技术周期更替快,技术领域模糊,跨界协同创新要求高的趋势,互联网的应用在服务形态、服务方法和服务模式上全面展开,并伴随着服务经济内的专业化分工而不断创新。这不仅对上海服务经济的技术手段提出了更高要求,也需要跨界的产业研发网络的发展。因此,科技中心的成果应用与研发网络建设为上海四个中心功能建设提供技术支撑,弥补其短板,实现四个中心与上海现代服务经济的协同发展。

上海四个中心的建设目前在框架上初现雏形,下一阶段则是四个中心的功能内涵充分发展的阶段,而这个进程离不开科技创新要素的全方位“渗透”。以电子化和互联网模式为手段的科技创新需要广泛地应用于贸易投资便利化、金融交易创新和航运服务领域,实现四个中心建设迈入内涵式发展。

四个中心目前在“智慧口岸”和交易便利化进程中亟待发展应用战略性新兴产业的各项科技进步成果。以“大、云、平、移”为代表的新兴技术手段将大大提升国际贸易和金融的效率,从而推进上海智慧口岸的建设。贸易、金融与航运领域各类功能性机构的不断集聚,对于相关行业的互联网通讯手段、信息管理系统、风险监测基础设施等都提出了越来越高的要求,引发贸易、金融行业与战略性新兴产业的“跨界合作”。其中最典型的包括跨越金融行业与互联网行业的互联网金融,离岸贸易与航运信息中介服务的充分结合。其都是上海科技创新重大技术项目突破的领域。具体体现为如下四个方面(表 5-1)。

在贸易、金融和航运三个具备较明确发展框架的中心建设上,科技创新成果发挥的推动与支撑作用主要包括如下几方面。

第一,贸易中心:电子商务中间商和离岸贸易商引领上海国际贸易中心新型贸易主体的发展,是贸易中心的贸易业态创新最活跃的领域,对贸易便利化的新技术和相关信息化基础设施的技术开发提出持续的需求。

表 5-1　　　　科技创新助推四个中心功能拓展与手段升级

	中心功能拓展	便利化手段升级
贸易中心	数字内容产业的贸易；传统服务产品演变成电子服务产品的交易；包含在货物中的数字贸易；数字贸易中间产品交易	电子通关手段的全面应用；检验检疫功能的信息化和电子化
金融中心	与人民币债券市场和跨境结算进程相匹配的多层次金融市场的集成	电子化手段的全面应用；金融交易互联网
航运中心	航运价格衍生品交易等航运金融市场开拓；依托洋山港的海港、铁路、高速公路网；跨海大桥和立体化多层次联运	基于电子标签的港口集装箱物流手段；提升集装箱物流透明度和安全性；精准配送的沿海捎带物流网建设；节能减排的绿色港口
国际经济中心（也可以说是三个中心功能的融合）	将贸易、金融和航运等功能集聚在一起，形成协同创新；并在“四新经济”框架下提升“总部经济”的能级，充分对接上海先导产业战略	大数据技术支撑行业管理和监管系统；信息监控体系的完善

第二，金融中心：以互联网金融为代表的“新金融”将金融服务市场的互联网技术运用提高到一个全新的水平；金融机构与互联网企业凭借各自在营销模式、交易数据与客户方面的资源优势各取所需、共享共赢的“跨界合作”商业模式对金融机构的资金运营中心与数据中心等功能性中心提出了更高的要求，需要具有高度专业性的科技团队支撑与研发资源的持续保障。

第三，航运中心：新业态的航运服务市场发展与国内外各类大型航运服务商在沪投资与集聚，对于航运信息管理系统建设、航运金融的技术手段升级提出要求。

第四，国际经济中心：以跨国公司的总部经济为先导的高端外资引入与以跨国公司研发中心为载体的国际化研发资源、研发项目组织充分对接。

当前，上海四个中心的建设进入深化发展期，在以对外开放为依托的各类新兴服务功能建设和服务水平上尚待完善。国际经济中心建设本质上要求企业国际化竞争能力的提升，与国际贸易、金融和航运经济发展所需的技术转移、技术交易与创新平台建设要求高度一致。因此，国际经济中心落实到发展战略的定位、路径选择与上海科创中心的定位是高度吻合的。

（二）机制接轨的维度：科创中心与四个中心之间的机制互动

现阶段上海自贸区进入全面推进与推广阶段，其中涉及的市场化体制的创新是上海“四个中心”在制度创新上的试验田。在贸易便利化、跨境资本流动与金融服务市场各个领域的制度创新都离不开大量跨境知识、信息共享的公共服务平台的建设，其中的“硬件”与“软件”配套都要求有全面而系统的科技研发与应用平台的支撑，需要来自科技创新中心在先进技术跟踪、技术项目与信息服务平台上的全面支持。自贸区作为目前上海四个中心建设在制度优势建设上的“制度试验田”，已经取得了初步成果。基于目前货物、服务贸易、金融市场开发与市场准入的便利化建设的成果，自贸区下一阶段制度创新，需要聚焦于依托“知识自由流动平台”的技术创新要素的便利化流动与研发功能性机构的集聚。以自贸区为载体的四个中心制度创新进程与上海科技创新的国际化资源筹供与便利化流动平台之间的协同具体体现在如下方面。

第一，以海外科技型风险投资基金为载体的科技资本流动，在自贸区的制度创新与相关的税收制度的突破，支撑科技创新中心的跨国创新资本筹供平台的发展，实现自贸区跨境资本流动便利化制度创新与上海科技创新中心的国际化融资平台对接。

第二，自贸区内对国际通行的技术法规、质量标准、行业标准与知识产权保护与管理相关的知识库建设，需要有大量产业技术研究机构、行业协会与国际组织的合作，促进自贸区内高标准的知识产权保护环境的发展，并加速自贸区内知识密集型行业跨国研发的成果转化。

第三，自贸区对海内外知识密集型新兴服务业企业设立与经营的监管需要相关法规与标准的系统性建设，包括各产业领域的专业技术研究机构建立的行业标准与技术法规，行业从业人员资格认定的公共信息服务平台，与企业市场经营模式相关的商事监管制度的信息服务支持。

第四，自贸区内海外企业与机构的跨国技术合作项目与技术联盟发展，需要自贸区的贸易便利化安排向以科技成果为形态的新兴技术贸易领域延伸，覆盖企业开展技术贸易、海外专利交易、跨国联合研发团队研究项目的资金兑换、结算交付与管理的便利化举措，同时也为本土跨国型企业的国际研发外包与创新合作网络构建一个与国际接轨的制度保障。

（三）要素集聚的维度：科创中心与四个中心之间的领域结合

海外研发要素在上海的集聚和外溢效应是科创中心与四个中心之间的另一个作用点。这对于国际经济中心的建设有特殊意义。上海四个中心下的国际经济中心是四个中心框架下相对模糊的一个部分。在正式文件中尚未对国际经济中心发展目标有明确的提法。但是该中心定位与上海作为全国长期以来的制造业发展高地有深刻渊源，指向上海依托高端外资提升制造创新的水平。因此，国际经济中心的功能建设与科技创新中心建设的内在要求之间有呼应关系。上海从 2002 年开始的“总部经济”撬动高能级外资项目战略在目前新的国际经济背景下亟待升级。以上海大市场体量为基础的创新链的“市场化开发”环节，将集聚成对全球各个新兴行业创新推广和应用与后续衍生业的多层次服务，有助于上海面向世界市场构建多层次的创新中介，研发服务和创新产品交易、展示平台，这对于本土科技型企业和专业服务业企业而言，是参与全球科技资源开发的重要路径，由此可构建上海开放型的产业创新模式。

国际经济中心是前三个中心的集成，突出上海吸引高能级外资的引资战略和“总部经济”的升级，指向上海跨国协调与融通全球的研发中心，并着力于海内外跨国公司在沪推进研发链节点向创新产品展示、交易和应用开发环节延伸，培育一个协调国际资本、国际信息与国际经营决策要素的综合性功能平台，提升上海在全球研发价值链中的市场交易流量，并在交易的价格机制和后续服务平台上树立“话语权”。这与科技创新体系下跨国创新要素流动的通道建设形成互动关系。在此目标下科技创新中心的产业定位需要在新型制造业与现代服务业之间形成平衡。

“四个中心”建设的能级提升离不开上海各类现代服务领域多层次创新，建立在必然与国际接轨的制造业与服务业的新兴技术与商业创新的成果积累与转化上。与此目标相关的技术研发战略定位与创新合作网络的组织为我们推进科技创新中心建设指出了方向。在此框架下，科技创新中心组织与协调利用现有的科技资源、协调海内外的科技人才和跨国产学研合作有了明确的愿景。

二、中长期的目标与路径：构建全球创新网络的枢纽城市

借鉴发达国家的科技创新中心的演进模式，上海培育与集聚科技创新要素战略不仅需要立足于现有科技园区的空间布局，更需要与上海国际大都市建设的内涵相吻合，将城市核心区域的现代服务功能建设与提高科技创新活力之间进行充分的结合。现阶段，上海需要实现四个中心所需的“大都市功能”升级与科技创新“源头”、“码头”建设。

(一) 契合都市发展空间的科创资源集聚与产城融合

基于上海已有的科技人才和园区集聚的格局，以开放式平台构建上海创新创意创业中央智力区，利用上海城区内已经形成的科技要素载体的空间布局，未来需要着力推进四大功能区建设。

1. 高新技术发源区

该区要抓住科学技术和产业创新成果应用向我国转移的大趋势，以高校和科研院所为核心，集聚国内外创新创业主体和资源，形成产学研一体化的自主创新机制。通过打造完善的创新生态链条，推动原始创新和科技成果转化，使其成为上海科技创新的重要源头。

2. 科技产业孵化区

加快促进海内外风险投资基金与本土新兴技术的结合，可让 FDI 与本土企业以项目形式合作，而非合资企业形态的创新合作方式，以更为高效和灵活的方式推进海外资金与本地“实验室成果”的融合，实现科技创新市场开发的高效率推进。与此同时，针对一批在前沿科技领域发展活跃的中小企业，对其中的标杆企业进行重点跟踪；在技术产权交易方面开展科技型中小企业上市前孵育试点；输送优秀科技型中小企业进入主板、创业板及股权转让代办系统，为中小企业提供孵化平台。

3. 知识产品交易区

以上海建立亚太知识产权中心城市为契机，加快技术交易信息服务平台的建设，形成与全国联通的技术转移公共信息服务系统，建设国家创新研发资

源的交易地。并与上海自贸区的服务贸易便利化的制度创新相结合，将高技术产业和各类专业研发服务业的高新产品和服务的交易、前沿技术展示会、外资项目合作与自贸区的服务便利化制度充分对接，探索科技型中小企业的国际化合作如何借自贸区为通道。

4. 智力人才宜居区

面向高科技人才对生活品质的追求，加快推进国际社区、高端人才公寓等载体设施建设；积极建设创新创意创业人才的开放式交流场所，增加英语服务。优化居住环境，引导形成一个国际化的社区氛围，吸引海内外科技人才集聚。

根据上述功能目标，上海需要探索盘活现有的科技创新集居区资源，选择重点区域推进建设创新创业智力区。目前，可以考虑杨浦区内以五角场大学城为基地的大学城、杨浦科技园区（湾谷科技园区）和新江湾社区"三区联动"建设。

相关区域可以作为上海推进科技创新中心建设的"示范区域"，在区域内探索对现有科技机构创新活动、环境建设和人才发展提供全方位服务的现代服务功能布局。相关战略设计需要关注推动商贸、金融、物流和总部经济专业服务等新业态与科技创新需求的契合，将现代服务功能要素集聚与科技创新的人才流、资金流的汇聚对接，促进高科技货物、服务、人才的流量集中，形成一个上海中心城区的"中央智力区"，并以此作为中国东部地区的科技人才培养、跨国项目合作与技术转移平台，为长三角乃至全国提供服务。

上海的杨浦区目前依托复旦、同济大学等一流大学的学科资源，推进产学研一体化的设计创意创业功能建设粗具规模。相比其他大型国家级科技园区，其在科技创新的公共服务平台上需要有新的模式，基于中心城市有限的空间特点，发展"轻型"和"环保"的现代服务业，着眼于创意和创新的结合。根据目前的人才基础，需要构建"亚太新兴设计之都"的公共服务平台，依托湾谷科技园，发展研发总部建立知识产权交易、技术转移的平台和面向国内外的中介服务体系，形成设计产业和相关服务业的总部办公型企业集群。

（二）创新人力资源集聚与往来便利化的制度创新

上海先于其他城市的增长方式转型和城市功能的完善是人才集聚平台的

基础条件，为了吸引更多海外以及全国各地的高级人才集聚，上海在社会管理、环保、民生、国际化教育和优质医疗服务等各个方面还需提升水平，形成一个高层次人才宜居的城市。

首先，相关服务平台的发展要遵循“以人为本”的原则，针对符合未来主导产业要求的人力资本提供便利流动与宜居条件。结合自贸区对紧缺人才股权激励、个人所得税分期纳税政策等，在个人所得税制度上比照香港、新加坡等城市，超越目前国家的高技术产业分类标准，充分考虑新兴服务业人才的特殊性，构建与国际接轨的紧缺人才激励制度。

其次，在人才的认定标准上，需要比照亚太地区的国际化大都市，淡化行政色彩的管理模式，灵活处理人才认定问题和管理的权限问题，给予企业（机构）以更多自主权。

最后，以跨国公司研发中心的集聚与扩散明确国际经济中心的定位。全球城市内在的跨国资源配置能力，本质上是城市集聚全球型企业价值链的创新节点的能力。海外跨国公司研发中心和总部机构始终是上海开放的重点领域，而一批本土跨国公司的崛起也将在上海未来竞争中扮演重要角色。相应地，科创中心的建设将依托海外跨国公司研发中心与本土跨国公司国内总部两个方面。海外跨国公司的创新网络和人才高地效应也是本土跨国公司设立研发总部的推动力。实现国际研发要素的扩散与本土创新资源集聚的充分结合，成为构建上海创新竞争力的一大外部动力。在此指导思想下，政策导向需要指向激励本土专业研发企业与跨国公司的开放式创新网络的对接。现阶段，围绕着智能技术开发与互联网信息化建设结合的跨国创新项目联盟与团队建设是上海建设具有全球影响力的科技创新中心的重点。

三、上海科技创新中心的多元推进机制

借鉴发达国家创新型城市竞争力升级的历史进程与实践经验，上海的科技创新中心发展战略关键点在于以产业、企业和科技人才等多层次要素为主的科技创新要素的集聚，将对外开放功能、便利化制度建设与科技创新源头的培育和激励充分结合起来。建设有全球影响力的科技创新中心的中长期战略一定要由城市功能转型的主线加以贯穿，借鉴发达经济体的发展经验，契合

"创新驱动、转型发展"理念,上海科创中心的推进机制需要以提升要素投入的质量为目标,在产业结构定位、先导产业的选择和产城融合等多个领域构建推进机制。

(一)效率导向下的"制造—服务"产业的均衡发展

科技创新中心战略一定要置于上海全球城市功能建设的大框架下,以全球城市的"流量经济"为准则,顺应高级别世界城市的流量中心和亚太地区市场的辐射源的发展目标。战略的定位可以分解为两个方面:一方面是上海在全球城市网络中的流量维度中的地位,该地位的提升需要集聚全球资本、信息、技术、货物等要素,从中长期看,包括金融流量、货物流量、贸易流量和科技流量。而在当前的科技突破发展的新态势下,科技流量的形态是多元的,对于中国巨大的市场体量和现有的劳动力资源而言,一定要以制造业的扩容和升级为本源,围绕着制造业专业化效率的提升,对贸易功能和金融市场建设予以规划,实现制造与服务之间的协同发展。另一方面,以上海为龙头的长三角城市群将成为世界第一城市群,它不仅是开放经济的龙头,也是科技创新的龙头和亚太地区科技创新市场的枢纽。上海需要致力于科技成果与资源的展示、交易与相关的信息平台建设。

在上述框架下,上海未来的产业结构调整战略必须贯彻制造业与服务业融合发展的导向。上海经济增长近年出现的下滑态势,以及相对于深圳等沿海大城市的落后,与上海在"三二一"产业战略上的推进路径不明确有关。随着长三角城市的制造技术兴起和一批民营企业的崛起,上海的产业"空心化"态势有所显现,在此期间投入比重不断加大的服务业对 GDP 的增长逐步扩大,但是其要素配置效率实际上低于制造业效率①。而"十二五"规划下的战略性新兴产业的创新成果也未达到预期目标。

必须明确的是,我们不能简单地从产业份额目标上来认识促进第三产业的发展战略。第三产业的发展必须与第二产业发展形成充分的协同,与第二产业的创新转型形成联动关系,通过服务业的专业化与创新能力发展来提升第二产业的整体效率。因此,三次产业之间的跨越必须是在第二产业第三产

① 中国社会科学院陆家嘴研究基地课题组:《上海市创新转型发展指标体系研究》,2013 年。

业的效率达到适当水平下才适合实施，否则就会导致资源错配。

上海 2005—2010 年的创新转型发展指标表明，上海转型升级在 2005 年后一直居全国五大城市（上海、北京、天津、广州和深圳）之首，与全球发达经济体比较，效率改进速度显著，其间通货膨胀与汇率因素发挥了积极影响。当前上海第三产业面临的问题是：产业相对劳动生产率 2002 年开始就小于 1，2010 年下降到了 0.7，近 6 年来平均为 0.76，低于发达国家第三产业相对劳动生产率（大于 1）。如果在产业政策上因“服务经济导向”就简单地提升服务业比重而配置投资与其他要素，很容易形成低效的产业结构。战略的主旨必须以第二产业高度专业化和效率提升来引导第三产业行业和人力资源培育，而不是单纯地对照发达经济体的第三产业结构推进第三产业投资。因此，上海推进制造业效率，提升制造业创新能力仍然是其建设经济中心的重点领域。

上海在四个中心建设上的深化不能简单地理解为加大服务业的比重，单纯地将“三二一”产业结构的排序作为上海工业化进程的深化是对上海城市功能的误读，也是未能充分认识上海的全国领头羊地位的结果。

作为吸纳就业的主要领域，第二产业即制造业领域的内涵式发展，以及相应的知识密集要素的培育和效率提升将成为这个阶段制造业战略的主导原则，尤其需要关注。因此，围绕着创新要素培育的产业投资与人力资源发展仍然在城市的宏观经济中占据重要地位。科技创新中心战略，对于上海产业引导要以先进制造业与高端生产型服务业的联动为出发点，以要素投入的效率为导向。这构成了目前上海科技创新中心建设战略的关键。

上海四个中心的功能建设，指向上海的现代服务业的发展，四个中心建设中的贸易、金融和航运服务等功能升级的产业竞争力，总体上指向第三产业，覆盖贸易中介、金融服务和航运服务，以及彼此交叉的新兴服务业。贸易中心、金融中心和航运中心的功能升级无疑对服务经济的规模和专业化提出了内在要求。但必须明确的是，我们不能简单地从产业份额目标上来认识促进第三产业的发展战略。否则就会导致资源错配。

上海目前在第二产业效率发展上与发达经济体之间差距缩小的速度较快，但是相比之下仍然有巨大的差距。这个态势同样在第三产业领域有所表现。其中的原因是多方面的。一个是技术学习效率随时间递减，二是结构变迁中的资源错配存在隐忧。前者是上海与其他中国沿海城市在经历了近 30 年的工业化追赶后，随着本国技术逐渐向国际技术前沿接近，学习效率发生递减，在这个阶段，如果没有适当的创新机制形成一个持续追赶的内生力，工业整体竞争力增长将出现明显的减速。

（二）海内外创新要素流动的制度便利化安排

科技创新中心的战略实际上是在上海工业化升级态势和全球先导技术转型的大背景下提出的。如何调整城市产业体系，以面对先进制造业的自动化、智能化升级（工业信息化）和服务经济网络化革命（服务业信息化）多重挑战是个复杂课题。落实到科技创新中心战略目标的分解，不仅要包括先导产业的投资布局，还要包括大都市培育创新能力的环境建设。前者关系到制造业与现代服务业之间的均衡发展，后者则是政府创新投入、激发私有部门和各类组织相结合的创新基础设施建设与创业便利化的机制建设。

科技创新竞争的要素是多层次的，其中核心要素是“人”，即从事研发的人力资源。目前，上海每万名劳动力中研发人员数量增长最快，平均增长率达到 57.12%，2010 年的人数为 361.1 人，但是与发达经济体之间还有很大差距，这对于创新型城市的发展需求显然是不足的。除此之外，上海的先进制造业的中长期规划尚不明朗，在先导产业领域中如何平衡制造业与服务业都未有足够的科学论证和具体的规划。

四个中心发展是上海到 2020 年城市规划目标的主体。就国际金融中心看，2020 年上海要基本建成与我国经济实力以及人民币国际地位相适应的国际金融中心，基本形成国内外投资者共同参与，国际化程度高，交易、定价和信息功能齐备的多层次金融市场体系，基本形成门类齐全、结构合理、流动自由的金融人力资源体系。国际经济中心没有正式的官方文件加以说明，从上海发展的战略要求看，2020 年上海应建成与我国经济实力和国际经济地位相适应的经济中心，其目标包括了上海成为国际资本集聚的全球金融中心；覆盖具有国际性港口、国际航空港等重要枢纽的国际航运中心，也是万商云集、商业服务等高度发展的国际贸易中心；成为跨国公司总部、国际机构集聚地区，吸引国际移民，外来各类高级人才；具有完善的创新、创业支持体系，并能扩散新文化和新思想。

四、现阶段推进科技创新中心建设的主要抓手

上海目前科技创新载体以城市周边地区的高科技园区与产业园区为主，经过近20年的发展，相关园区的建设进入转型升级阶段，升级战略的推进无疑是上海科技创新中心战略的重点内容。还需要进一步打破创新要素集聚与城市服务功能的割裂，谋求创新便利化与生活便利化的充分结合。因此，上海科技创新中心需要以“城市创新区”为目标，对现有科技园区进行功能转型与升级的安排，构建一个促进多元化、多层次科技创新要素集聚与辐射的机制。与此同时，在企业创新主体培育方面，对中小科技型企业的激励与扶持将是一个主要抓手，着眼于小企业，打破小企业面临的创新发展瓶颈。构建一个可持续的创新激励制度，对于上海微观创新网络的发展将具有重要意义。

(一) 依托现有园区升级，促进“城市创新区”的发展

在上海“四新”经济战略的主旨下，各类制造与服务领域的新业态将大量涌现，海外创新人才在沪创业热情较高，以“开放式”和“融合性”为特点的城市创新区是契合“工业4.0”创新导向的轻型化和智能化的工业园区。城市创新区的空间布局注重协作性的设施与空间，为科技人员提供较低费率、较低风险的工作空间，同时提供分担高额技术成本的公共研发平台，从而减少企业的综合运营成本。现阶段上海的科技要素集聚和布局亟待转型和升级，主要表现为如下三个方面。

首先，位于城市远郊地区“产业导向”的大型科技园区亟待“嵌入”生活宜居服务。远郊地区的高科技园区在建设之初强调向大型企业倾斜，各类创新要素呈现简单叠加与集中态势。过度强调产业集聚，将创新资本、人才、企业、基础设施较为机械地拼贴在一个空间中，市场流动服务与生活服务功能相对不足，有悖于“以人为本”的创新生态环境建设，也不利于创新的可持续。在上海大量国际化科技人员流入的背景下，远郊地区的大型园区对于国内高素质研发人才和海外科技人才长期工作居住的吸引力逐步减弱。

其次，中心城区新型创意园区的“高门槛”不利于创新型企业的孵化。市区制造业的业态升级面临商务成本高企的约束，一批智能制造方向的创业者

在已有的城区改造布局和商业设施发展下被“边缘化”。现有的基础设施、城区设计和建筑设计过多地以商业地产价值为目标，而忽略了科技创新所需的物理环境建设与社会文化活动空间的建设。过去十年来中心城区老工厂车间被大量改造为创意园区，但是在功能定位上片面追求高端“创意”活动，与周边的高等院校和科研机构在研发平台上的合作薄弱。一批谋求转型升级的传统制造型企业和刚刚起步的创新型小企业在相关园区很难获得研发资源的支持。而园区内来自办公租金高、研发空间有限等因素一定程度阻碍了科技型中小企业的发展。这类园区需要借助城区的“校区”资源，构建一个研发资源和生活服务功能充分结合的“开放式创新园区”。

最后，在上海新一轮城市旧区改造继续推进的背景下，对于列入旧区改造计划的区域在规划设计上要与城市创新区的内在需求进行“对接”。在旧区改造项目内，应突破现有中心城区内“商业”与“科技”相割裂的传统规划模式，将科技与人文要素嵌入旧城改造和功能升级进程中。在相关的改造规划内充分考虑创新型企业和科技人员的工作与生活所需的各类配套设施，以及与社区的“智能化改造”要求相一致的科技研发设施建设。在社区公共空间和居住空间的布局中预留服务于中小科技企业的创新工场式的区域与服务设施，为创业初期的科技人才创造一个低成本的工作、生活与成果展示空间。将科技园区的生活配套、校区的开放与制造业升级战略目标充分结合。

1. 城市创新区建设的战略主旨

“城市创新区”的发展目标在于将不同知识与专业背景的人员集聚在较高密度的中心城市区域。与以往的高科技园区不同，城市创新区的发展目标与理念在于：有意识地建立提升创新、合作与联系的物理、经济和社区空间。在物理区域方面，住房、商业空间、研发机构良性混合，彼此协同合作，共同形成一种激励机制，不仅仅增加创新要素的区域密度，更使创新使用者即大众和创新企业更为靠近，而且在步行空间、IT 基础设施等的支撑下，最大限度地提升创新创意专业人员的宜居水平。

在上海科技创新中心建设的中长期规划下，科技创新、人文合作以及企业孵化等相互协作的区域规划尤其重要。城市创新区的发展将鼓励新企业的创建，推动企业、研发机构、区域性中介以及其他组织之间的充分联动。

城市创新区并不是对上海的科技园区进行整体更新，而是对大型科技园区、小型创意园区的发展阶段，针对科技人才的实际需求进行功能更新。具体战略思路包括以下方面。

首先，在大型科技园区引入各类生活服务，打破园区的边界，依托大学科研资源和中心城区便利的通勤，形成开放式的科技资源集聚区域。通过协调引入周边的生活服务功能并和科研平台资源进行整合，使园区转化为科技创新与生活宜居“双便利”的开放式创新园区。

其次，契合上海制造业“智能化”转型的升级需求，将中心城区改造与科技型中小企业的“孵化”相结合。并通过吸引科技型中小企业的年轻企业家带动相关社区的创新活力。给“学区”、“园区”和“社区”的合作以创新要素流动与便利化的条件，推进大学科研项目、产业创新服务与科技人员宜居型社区服务联动。

2. 城市创新区多层次载体的建设

未来在上海中心城区的规划中，对于具备一定制造基础的地区，在城区更新规划中需要注重中小规模的制造企业、科技服务企业和居住区之间实现空间上的“近距离”安置与人员的充分合作，推进企业科技人才生活服务的“科技化”，并将创新成果的应用与当地居民社区的升级融合起来，将创新成果的市场化转化首先在社区加以推进，加快创新成果的市场反馈，形成创新人员和应用者的开放式交流场所。相关规划包括如下三个方面。

第一，推进智慧城区的建设。

借鉴海外城市推进城市创新区的战略理念和实践，可以尝试在上海杨浦大学园区与张江高科技园区内推进大学的科研活动、产业创新服务与科技人员宜居社区开发。在目前已经初具雏形的上海杨浦科技园区和张江高科技园区内推进“城市创新区”的建设，前者的推进举措重在加强大学学者、学生与创业者的互动，而后者的推进举措则重在“注入”科技人才的生活服务功能，将园区科技成果的应用与社会服务的更新结合起来，在居民社区内首先应用园区的科技成果。并将覆盖“高中低”的多层次的“住宅创业复合区”的开发与中小企业创业者的激励政策结合起来，以便利的通勤网络和便利的生活服务吸引中小规模的制造商和科技服务中介机构。

第二，以大学集聚区和高技术企业集聚的园区为载体，推动知识创造与创新及其“三区融合、联动发展”。

大学和科研机构作为上海创新原动力，对于上海创新型城市集聚创新要素的空间布局有重要意义。相关规划需要重视在大学相对集聚的各个城区通过打破行政区域和隶属界限，使大学校区、科技园区、社区的功能融合与联动发展，形成国际化的“智力区”，更为有效地动员各种要素，激发全系统创新，形成具有上海特色的城市创新空间发展模式。其核心在于依托知识创新源头与社会、经济因素有机互动，形成创新环境推动型的知识经济空间。

目前，借鉴波士顿坎布里奇“创新集聚区”的做法，对于海外的大学教授、科技人员和高级管理人员，尤其是持国外护照的中国专家和高级人才，应予以签证与工作居住便利化。

第三，推动上海第三代国际化社区的建设。

在虹桥、古北和联洋居住区建设之后，上海需要更多关注围绕着高校集中的优势，在大学和大学企业集中的地区开发国际化宜居区，在设计中，着眼于互联网信息技术设施应用、低碳生态和智能楼宇等设施，构建一个“智能楼宇”和“智能社区”结合的国际化社区，以利于创新人才集聚、工作与合作。

为推动科技创新的可持续性，知识密集型的新兴产业领域的科技人才是上海推进科技创新中心建设的最重要的潜在资源，对于与先导产业发展需求一致的科学家团队和紧缺人才，要围绕着科研工作的跨境往来与生活居住便利下工夫，这对于科创中心保持长期竞争力是非常关键的。

目前海外人才出入境与居住已经在部分高技术园区的跨国研发合作网络建设框架下有所尝试，但是各个领域的制度突破相对独立，且具有“特事特办”色彩，其可持续与可复制性较为欠缺，尚未形成一个综合性的、可持续的制度化安排。

相关服务平台的发展要遵循“以人为本”的原则，针对符合未来主导产业要求的人力资源要提供便利流动与宜居条件。对此，我们可以借鉴新加坡等促进科学家跨国从事科研工作便利化安排及对其家庭以“国民待遇”的做法，探索上海为吸引海外高端科技人才，对相关人才跨境工作给予的特殊政策。可参考他国经验，发展“第三国高技术雇佣公民入境与居住”管理体系，使海外归国的中国科学家以及外国科学家方便地旅居，使其家庭在旅居中获得与当地居民同等的医疗和教育保障。针对上述目标，可拟构建与调整相关政策。对于产业界的优秀人才，在人才的认定标准上予以灵活处理，给予企业（机构）

以更多自主权。

第四,以跨国公司研发中心的集聚与扩散度明确其国际经济中心的定位。

在此指导思想下,政策导向需要指向激励本土专业研发企业与跨国公司的开放式创新网络的对接。技术中介与跨行政地区的长三角一体化劳动力市场促进机制亟待培育,以使上海在引领长三角地区制造业产业集群整体升级中发挥核心作用。

(二) 以中小科技型企业为重点的创新主体培育

上海的中小企业相对长三角其他地区呈现比重不高、活力不足的状况,这与上海长期以来关注大型国有企业发展的制度环境有关。在科技创新中心战略下,构建一个有利于中小科技型企业发展的制度环境是完善上海未来微观创新主体网络的重要工作。

上海"四新经济"的发展离不开一批有活力的科技型中小企业。在当前初露端倪的新产业革命背景下,传统产业升级和推动新兴产业发育的各类新型创新要素,极大地扩展了中小企业发展空间。以3D打印为代表的新应用领域不断扩大,是相关的中小制造设计企业竞争优势的新增长点,为一批企业经营与创新能力的提升带来巨大的机遇,对上海科技园区的管理和政策促进体系提出了新要求,它包括:转型园区内的公共技术平台发展模式,超越园区边界,借助园区外的"外脑"和市场资源给予中小企业扶持并探索合作发展的空间。在当前,新型业态的不断出现,打破了长期以来以高技术产业目录来"设定"高技术产业发展路线的思路。各方更尊重当前各类产业新业态和"新模式"的发展,以宽容的态度对待产业内涌现出来的各类新技术应用和商业模式,对于这些主要依托于中小企业的新业态以充分的尊重和理解。

为此,政府需要"淡化"对于高新技术产品与服务的各类界定,及对企业设立和经营的管理,并针对这类企业的创新模式给予有效的扶持。

1. 超越传统形态打造"虚拟园区平台"

针对中小企业大量集中于高度专业化和精细化的零部件生产和专业服务领域的特点,以高技术园区为目标形态的产业空间集聚方式已经不适合中小企业的发展和持续创新。

长期以来政府以兴办科技园区作为推动高技术产业发展的空间载体,这个模式在新的产业发展与竞争条件下需要被赋予新的意义。而在新兴生产方式下,大规模生产对于获得增长值的重要性在降低,而创意设计、商业模式改造和推广活动等服务功能正发挥核心作用,后者本身不依赖于空间上的集聚。传统上的园区所指向的大规模生产,在中间品供应与物流集中方面,也不再适用于新型生产方式,小规模和定制化的生产方式越来越不依赖于大量同类企业在特定空间内的高度集中。因此,传统意义上符合大工业生产格局的特定区域的“园区建设”,需要在另一个层面加以扩展。

基于这一思考,一个超越空间集聚的“虚拟园区”对中小企业提升创新水平、加快其成果转化更为重要。“虚拟园区”实际上是依托目前上海在转型发展上的新优势,包括上海市场发展在先进要素上的优势,多层次金融市场发展以及与国际接轨的电子商务平台的建设。上述要件的组合将形成一个汇聚专业服务要素、市场信息与资金流的平台,这个平台建设对于中小企业而言是非常关键的。在平台内,诸多中小企业和个人创新工作室成为创新集聚体,是发展小规模定制化生产的基础。而以外包为主的外部化组织方式的广泛应用,则对企业生产、制造业投资的要求逐步降低,企业不再依赖于作为自身供应链的伙伴企业之间在物流空间上的集聚。

这个平台建设也对政府扶持中小企业和孵化创新项目的方式提出新的要求。政府对于创新平台的建设需要真正契合企业的需求,包括网络通信设施的完备、专业人才跨地区就业与落户的便利化制度安排,以及为各行业的企业提供有关市场和社会发展的各类专业数据库,以推动企业业务的充分展开。同时,对于“校区”与“社区”之间在创新生产系统中要素流动的良性循环予以宽容态度。以打破园区边界为理念,将更多以分散的格局,与社区和人力资源自身分布特点结合,促成一个符合创新特点的空间形态,而不拘泥于现有的高技术园区的模式。其对促进政策的启示在于,为中小企业提供针对性的服务,取代早先园区简单注重的“七通一平”等基础设施建设。

2. 以创新便利化为导向的多元融资渠道促进制度

我国长期以来产业创新的发展方向和模式受制于既定的高技术产业目录和国家的专项创新资金投入标准,呈现出“自上而下”的支持模式。在新产业革命背景下,针对中小企业的创新要有足够的“宽容”。不仅如此,对于中小企业创新初期的资金支持,要兼顾本地和国际两个渠道,尤其需要依托上海金融要素市场发展的优势，支持有创新成果的中小企业开拓国际化融资渠道。

上海制造业领域内本地和外地在沪的一批中小企业，为扩展海外市场具有强烈的海外经营意愿。针对这一需求，上海需要构建一个有利于他们走出去的海外投资平台。考虑到相关企业在海外投资项目审批流程烦琐和外汇资金运作不便等问题，针对中小企业在融资中信用评估不便等约束，相关的扶持与促进政策应聚焦于财政补贴和贷款担保等手段，从而帮助中小企业更加快捷与便利地启动与海外股权投资基金的合作，以及参股境外企业等。在企业的外汇流动、人员出入境和货物通关涉及的各个部门之间加强协作，实现"走出去"的"一门式"的管理格局，为企业海外经营提供高效和便利的制度环境。

3. 培育与服务中小企业发展的平台建设

新产业革命引发的新型生产方式和产业组织方式正日趋显现，经济增长动力构成更加分散而多元，微观经济主体的组织形态和业务模式越来越难遵循传统模式与特征，新兴行业的发展呈现出"万花筒式"的竞争格局。各类行业在技术创新、组织创新和商业模式创新之间的融合无疑会越来越活跃，个性化的生产与服务方式将渗透到现有传统制造领域和新兴产业领域。在这种情况下，政府要主动选择特定阶段的主导产业和产业投入模式，并加以扶持。

对于高技术产业园区和创意园区中的中小企业，相关管理部门要从注重"管理"转变为提供到位的"服务"，发现中小企业群体中不断涌现的新业态和潜在的新增长点，为相关的生产与涉及创意、创新技术及其转化的服务活动提供便利，消除制度上的约束，并对有发展潜力的创新技术提供孵化资金。

将干预的焦点放在对创新有潜在贡献的初创企业，以及科技型中小企业。原先政府主导的产业布局也将不再适用，转而更多地谋求产业布局跨越行政边界，这与当代各类新兴要素蓬勃发展的格局相契合。当前尤其需要消除地区间人为阻碍生产要素流动的"潜在屏障"。

（三）培育科技型中小企业创新的新举措

在现有的公共平台架构上，对中小企业创新活动提供从"事前"、"事中"到"事后"的各类帮助，提高扶持的专业性和针对性，补充中小企业相对缺失的资金以及部分专业服务环节，以构建其创新发展的长期保障。

1. 专家团队的针对性知识服务

政府部门需要发挥协调者的作用，为中小企业建立一个有专业水准的服务平台，使中小企业获得专业性的、可持续的创新咨询服务，从而在“技术创新—市场转化”过程中实现无缝转化。在这方面，2007 年美国商务部推出的“制造业延伸伙伴关系”计划下推动中小企业创新的举措是一个可供借鉴的案例。该计划以隶属于美国商务部的标准和技术研究所为实施主体，组织了由 1 300 名技术专家组成的专业团队。其在美国每个州都设有分支机构，共有 60 多个地区级中心。针对中小制造商提供专业的咨询，下设针对企业家管理能力和企业创新体系建设的各类培训项目。后者集中于企业创新工程管理系统，帮助中小企业掌握最为前沿的创新管理系统及应用。依托互联网空间的开放式创新模式的应用，其培训内容包括专业的数字化知识管理工具、在线合作型工作空间等最新知识与技能。

借鉴上述做法，可以考虑由诸如上海经委和科委等相关委办与以张江高新技术园区为代表的若干上海高新技术园区开展合作，组织一支跨各学科和“跨界”的专家团队，包括学者、产业界的专家以及创业指导专业人士。并协调市政府决策咨询专家团队，形成一个为中小企业创新活动提供技术与商业开发指导的“虚拟价值链”，定期为园区内的中小企业提供咨询服务。并用网络等各类多媒体方式为企业解疑，就企业的初步创意与创新成果给予技术指导。创新管理手段，以扩大中小企业的“知识池”和提供创新的便利化条件，提高综合的创新管理技能为目标。

2. 以政府投入为主体的专项创新基金

中小企业在创新的“启动期”受到资金和声誉的制约，与产业创新系统中的其他主体之间存在着信息不对称，因此需要由政府部门的协调和引导才能使其融入“产学研合作”体系中。

由于中小企业在创业初期，受到品牌知名度不高和信用程度低等限制，难以获得市场认可，依靠自身得到融资以开展研发活动面临诸多困难，因此需要政府为中小企业提供特殊渠道的资金，以帮助他们在研发进程上实现突破。在这一方面，需要政府在企业的“资金门槛”和“技术门槛”上给予调整。前者集中于为中小企业提供专项资金和信用担保，需要政府主管科研和创新的相关机构设立专门的基金或者有政府担保的融资渠道，以帮助中小企业迈过研发的“资金门槛”。后者则体现为来自专业机构的专家团队为中小企业创新项目的可行性进行“把脉”，由专业团队为中小企业的企业家们就创业道路或者创意项目给予专业的指导和研判，使企业少走弯路，或顺利地启动研发项目。

在此，我们建议政府联合高等教育部门在高校与科研机构的专项科研项目中，专设针对科技型中小企业的定向基金，在基金经费中专门留出发放给中小企业的“创新券”，让中小企业用这笔资金购买项目设备。通过“购买”设备与专业科研团队的服务，中小企业能够迅速提升自身的可持续创新能力，并在大型科研合作项目中逐步确立自身的定位，为后续真正的创新合作奠定基础。此方式与政府投资建设公共技术平台服务企业这一传统方式相比，更为严格地限定了资金用途。企业用来“购买”专业知识和部分创新产品，与专业研发机构之间形成“定向”的知识转移，并引导中小企业进入园区，实现中小企业与高校、科研机构之间的可持续合作。

3. 引进资本扩大融资平台

就长期发展看，对中小企业提供稳定的融资渠道，最为合适的机构仍然是银行。高科技园区作为政府主导的产业空间载体，以项目为导向的和临时性的资金补贴，仅具有补充性保障的作用。在金融体系内建立起来的服务于中小企业的融资渠道，才能长期保障中小企业的资金需求，因此，对于中小企业的融资扶持还是需要在以银行为主体的金融体系内部建立起来，但是来自政府的干预以及创新式的管理是非常必要的。

中小企业的“融资难”是中小企业将实验室推向市场的阻碍。上海需要发挥在资本市场上“先行先试”的改革优势，为中小企业创造一个结合直接融资与间接融资方式的新型融资渠道。在这方面，可以借鉴美国著名创新园区硅谷扶持中小企业发展的经验，参考美国当地“硅谷银行”的“债权＋股权”的模式，利用上海资本市场中也已启动的股权投资机制，将国内外的创投企业、担保公司引入到中小企业的融资渠道中，培育服务于中小企业的多元化的间接融资渠道，并积极引入国外资本市场的资金，探索“利息收入＋成长收益”的盈利模式，开发创新融资渠道。在上海率先启动的引入境外股权投资企业的创新机制平台上，谋求境外股权投资性基金，为本地中小型新兴产业提供资金服务，通过一系列的“创新”管理机制逐步实践出一套符合高技术企业金融服务需求的可持续发展机制。在金融市场改革框架下，积极开拓以股权投资与银行贷款相结合的融资方式，立足于包含政府介入的融资担保平台，为中小企业创造融资的便利化提供条件，可以考虑以下三个方面的举措。

首先，在金融层面上加大扶持中小企业创业初期的财政补贴力度。可以设立扶持高技术中小企业经营和创新项目的专项基金，将中小企业纳入园区的产学研联动机制中，将中小企业与高校、科研机构合作纳入到官方的各类创新项目平台中。

其次，尊重高技术中小企业在创新方式和路径上的“非主流”特征，客观而全面地对其核心资源予以价值评估，对其发展壮大和创新升级的方式和做法，在现有的市场管理和监督规范下予以例外安排。一方面，对于特殊经营方式的中小企业，在注册和经营互动开展过程中作为特例进行个别处理，并对其经营模式也给予充分的宽容，以便利化为原则，给其特有的新型服务业态发展一定“空间”，使其创新产品和商业模式创新等一揽子创新业态得到充分的发育。另一方面，针对其“人才第一”的要素结构，对于企业内部包括技术领域和服务领域的专门人才跨地区流动与落户给予便利化的制度安排。充分尊重这类企业较为特殊的盈利模式，允许其在市场交易、商标和行销推广活动上以行业自治的方式建立管理和监督的制度。

对于科技型中小企业的扶持不同于传统意义上对大型项目的支持，需要针对其特殊性，以消除中小企业创新发展过程中受到的各类“隐形”阻力。作为创新活力的重要源泉，现有高科技园区在鼓励大企业创新的同时需要高度重视中小企业的创业与创新环境，相关管理部门需要积极发挥协调科技园区内与园区外资源的作用，积极引入园区外专业人力资源与金融要素，推动中小企业与“产学研”体系之间的“无缝衔接”，为中小企业经营与创新活动提供长期的制度保障。

参 考 文 献

[1] Adams Jaffe, Josh Lerner. Reinventing Public R&D: Patent Policy and the Commercialization of National Laboratory Technologies[J]. Rand Journal of Economics, 2001(32):167—198.

[2] Annalee Saxenian. Regional Advantage: Culture and Competition in Silicon Valley and Route 128[J]. Contemporary Sociology, 1994.

[3] Archibugi, D., Michie, J.. Technological Globalization or National Systems of Innovation[J]. Futures, 1997, 29(2).

[4] Brigitte Preissl. Innovation Clusters: Combining Physical and Virtual Links[J]. German Institute for Economic Research, Discussion Paper, 2003.

[5] Broersma, L., The Role of Services in Innovative Clusters[J]. Paper within the Framework of the Research Programme Structural Information Provision on Innovation in Services(SIID) for the Economic Affairs, Netherlands, 2001.

[6] Bruce Katz, Julie Wagner. The Rise of Innovation Districts: A New Geography of Innovation in America[J]. Brookings Institution, 2014.

[7] Carlsson, B.. Internationalization of Innovation Systems: A Survey of the Literature[J]. Research Policy, 2006, 35(1).

[8] Danny Miller, Jangwoo Lee. Strategy, Environment and Performance in Two Technological Contexts: Contingency Theory in Korea[J]. Organization Studies, 1996(17):729—750.

[9] David J.Teeece. Business Models, Business Strategy and Innovation

[J]. Long Range Planning, 2010, 43(4).

[10] Freeman, C.. The National System of Innovation: In Historical Perspective[J]. Cambridge Journal of Economics, 1995, 19(1).

[11] George Bugliarello. Urban Knowledge Parks Knowledge Cities and Urban Sustainability[J]. International Journal Technology Management, 2004, 28(3):388—394.

[12] Gereffi, G.. International Trade and Industrial Upgrading in the Apparel Commodity Chain Journal of International Economics[J]. 1999, (1).

[13] Harrison. Industrial Districts: Old Wine in New Bottles? [J]. Regional Studies, 1992(26).

[14] Hart. Innovation in Europe: A Tale of Networks, Knowledge and Trade in Five Cities[J]. Regional Studies, 2002(36).

[15] Henry Etzkowitz. Incubation of Incubators: Innovation as a Triple Helix of University-industry-government Networks[J]. Science & Public Policy, 2002.

[16] Humphrey, J., Schmitz, H.. Governance and Upgrading: Linking Industrial Cluster and Global Value Chain[J]. IDS Working Paper 120, Brighton: Institute of Development Studies, 2000.

[17] Jeff Saperstein, Daniel Rouach.Creating Regional Wealth in the Innovation Economy: Models, Perspectives, and Best Practices[M]. Pearson Schweiz Ag, 2002.

[18] Khalid Nadvi, Gerhard Halder. Local Clusters in Global Value Chains: Exploring Dynamic Linkages between Germany and Pakistan[J]. IDS Working Paper 152, Institute of Development Studies, Sussex, England, 2002.

[19] Luc Anselin. Local Geographic Spillovers between University Research and High Technology Innovations[J]. Geographical Analysis, 1995.

[20] Lydia DePillis. Dinosaur Makeover: Can Research Triangle Park Pull Itself Out of the 1950s? [J]. New Republic, 2012.

[21] Michael E.Porter, Daniel C.Esty. Industrial Ecology and Competi-

tiveness[J]. Journal of Industrial Ecology，1998.

[22] Michael Storper，Allen J. Scott. Pathways to Industrialization and Regional Development[J]. Economic Geography，1992.

[23] Niosi，J.，Bellon，B.. The Global Interdependence of National Innovation Systems-evidence，Limits，and Implications[J]. Technology in Society，1994，16(2).

[24] Niosi，J.，Bellon，B.. The Globalization of National Innovation Systems[M]. De la Mothe，J.，Paquet，G.，et al.. Evolutionary Economics and the New International Political Economy. New York：Pinter，1996.

[25] Paul Krugman. Geography and Trade[M]. Economic Geography，1991.

[26] Richard Florida. Startup City：The Urban Shift in Venture Capital and High Technology[J]. Toronto：Martin Prosperity Institute，2014.

[27] Richard Florida. The Rise of the Creative Class And How It's Transforming Work，Leisure and Everyday Life[M]. New York：Basic Books，2002.

[28] Shahid Yusuf，M. Anjum Altaf，Barry Eichengreen. Innovative East Asia：The Future of Growth[M]. Washington，DC：World Bank，2003.

[29] Shantha Liyanage. Breeding Innovation Clusters Through Collaborative Research Networks[J]. Technovation，1995.

[30] Suzanne Berger. Making In America：From Innovation to Market [M]，Cambridge：MIT Press，2013.

[31] 陈林生.以产业集群促进区域创新体系建设研究[J].经济问题探索，2005(4).

[32] 程愚.商业模式、营运效应与企业绩效——对生产技术创新和经营方法创新有效性的实证研究[J].中国工业经济，2012(7).

[33] 戴卫.中关村打造全球科技创新中心[J].中关村，2009(5).

[34] 杜德斌，张仁开，祝影，包慧.上海创建国际产业研发中心的战略研究[J].科学学与科学技术管理，2005(4).

[35] 樊星.新型贸易业态的现状、问题与对策[J].科学发展，2013(12).

[36] 盖文启.创新网络——区域经济发展新思维[M].北京大学出版

社,2002.

[37] 贺赛龙.基于区域的城市创新体系研究[J].特区经济,2005(1).

[38] 黄鲁成,李阳.国际 R&D 中心与北京的现状分析[J].科学学与科学技术管理,2004(7).

[39] 杰里米·里夫金.第三次工业革命:新经济模式如何改变世界[M].张本伟.译.中信出版社,2012.

[40] 李庆东.产业创新系统协同演化理论与绩效评价方法研究[D].吉林大学博士学位论文,2008.

[41] 李严锋.复合型商业业态及其供应链系统研究[D].华中科技大学博士论文,2004.

[42] 迈克尔·波特.国家竞争优势[M].陈小悦,译.华夏出版社,2002.

[43] OECD.创新集群:国家创新体系的推动力[M].北京:科学技术文献出版社,2003, 11(1).

[44] 孙丽杰,刘希宋.我国城市技术创新能力评价[J].大庆石油学院学报,2007(02).

[45] 汤浩.江苏服务业新型业态发展及其统计改革探索[J].统计科学与实践,2011(8).

[46] 王德禄,邵翔.业态创新是产业变革的新动力[N].科技日报第一版 2014-03-24.

[47] 王缉慈.创新的空间——企业集群与区域发展[M].北京大学出版社,2005.

[48] 王延峰,谢富纪.上海市"十一五"期间城市创新体系建设目标与思路[J].上海管理科学,2005(1).

[49] 王元地,刘凤朝.国家创新体系国际化实现模式与中国路径[J].科学学研究,2013(1).

[50] 夏皮罗·瓦里安.信息规则:网络经济的策略指导[M].张帆,译.中国人民大学出版社,2000.

[51] 许继琴.产业集群与区域创新系统[M].经济科学出版社,2006.

[52] 郁鸿胜.崛起之路——城市群发展与制度创新(见证中国)[M].湖南人民出版社,2005.

[53] 原磊.商业模式体系重构[J].中国工业经济,2007(6).

[54] 张仁开,刘效红.上海建设国际创新中心战略研究[J].科学发展,2012(11).

[55] 钟华等.全球科技创新中心科技发展比较研究[J].管理学家,2012(4).

[56] 钟书华.创新集群:概念、特征及理论意义[J].科学学研究,2008(2).

[57] 周海燕.网络经济的信息空间理论分析[D].中国科技大学,2011.

[58] 周涛等.复杂网络上传播动力学研究综述[J].自然科学进展,2005(5).

[59] 周振华.上海:城市嬗变与展望[M].上海:格致出版社,2010.

后　记

这本书是集体研究的成果，来自我负责的上海社会科学院世界经济研究所年度重点课题“全球科技创新发展态势与上海建设科技创新中心战略”的课题报告。该研究团队由世界经济研究所全球化经济研究室研究人员组成。2015年我在我的研究团队完成课题报告后，又作了大幅度的修改，形成这本书稿。

科技创新中心问题的研究无疑是多视角和多维度的，这本书稿更偏重于国际经验的比照和分析，以全球科技创新和创新型城市发展脉络作为分析切入点，考察上海建设科技创新中心战略的背景、条件与该战略的主要抓手。课题报告虽然完成，但是对于该战略相关的各个领域的体制机制改革仍然需要我们持续跟踪和探索。

本课题从立项到成果出版，都是在世界经济研究所领导的直接组织和推动下完成的。在此感谢领导对我们科研成果的认可，以及对成果问世所给予的巨大支持。十几年来，我始终为我是世界经济研究所这个大家庭的一员而感到自豪。全所在领导的带领下，以高度的凝聚力完成了多个重大课题。

在此，我还要深深感谢与我共同完成课题研究的金芳研究员、苏宁副研究员、周大鹏博士和李珮璘博士，感谢各位与我携手并肩、共克难关。另外，我要感谢上海社会科学院城市与人口研究所的屠启宇研究员。他对于创新城市研究领域的丰富成果对此项研究有很大启发，在此课题调研工作中他也给予了极大的帮助。在课题报告转化为书稿的过程中，我也得到了吴帆同学、王茹婷同学和邵嘉晖同学在资料补充和格式调整上的大力协助，感谢这些年轻人的才智，分担了我很多事务性的工作。最后我向出版此书的上海社会科学院出版社表示感谢，感谢编审人员细致与周全的工作，使此书得以顺利出版。

黄烨菁

2016年3月31日

图书在版编目(CIP)数据

全球科技发展趋势与上海建设科创中心/黄烨菁等著.—上海:上海社会科学院出版社,2016

ISBN 978-7-5520-1367-2

Ⅰ.①全… Ⅱ.①黄… Ⅲ.①技术革新-研究-上海市 Ⅳ.①F124.3

中国版本图书馆 CIP 数据核字(2016)第 080384 号

全球科技发展趋势与上海建设科创中心

著　　者:黄烨菁等
责任编辑:王　勤
封面设计:黄婧昉
出版发行:上海社会科学院出版社
上海顺昌路 622 号　邮编 200025
电话总机 021-63315900　销售热线 021-53063735
http://www.sassp.org.cn　E-mail:sassp@sass.org.cn
照　　排:南京理工出版信息技术有限公司
印　　刷:上海信老印刷厂
开　　本:720×1020 毫米　1/16 开
印　　张:8.75
插　　页:2
字　　数:150 千字
版　　次:2016 年 9 月第 1 版　2018 年 6 月第 2 次印刷

ISBN 978-7-5520-1367-2/F·396　　定价:34.80 元